Geschichte und Geschehen

Europa an der Schwelle zur Neuzeit

Autoren:
Katja Böttche
Björn Opfer-Klinger
Martin Wicke

Ernst Klett Verlag
Stuttgart · Leipzig

Bildquellennachweis

Cover Ullstein Bild GmbH, Berlin; **5.1** Germanisches Nationalmuseum, Nürnberg; **6.2** BPK, Berlin; **8.5** AKG (akg-images), Berlin; **10.11** AKG, Berlin; **12.15** BPK (Scala), Berlin; **13.18** Ullstein Bild GmbH (Granger), Berlin; **15.2** AKG (Erich Lessing), Berlin; **16.3** AKG, Berlin; **18.6** AKG, Berlin; **19.7** AKG (Musée du Louvre), Berlin; **20.9** BPK, Berlin; **23.2** AKG (Rabatti/Domingie), Berlin; **25.4** AKG, Berlin; **27.7** Ullstein Bild GmbH (Granger Collection), Berlin; **29.11** shutterstock (Andrei Nekrassov), New York, NY; **30.1** BPK, Berlin; **32.3** Ullstein Bild GmbH (AISA), Berlin; **34.9** BPK, Berlin; **35.10** BPK (Kupferstichkabinett, SMB/ Volker-H. Schneider), Berlin; **36.13** Bridgeman Art Library Ltd., Berlin; **40.1** Ullstein Bild GmbH (NMSI/Science Museum), Berlin; **41.2** AKG (Erich Lessing, Musée du Louvre, Paris), Berlin; **42.4** AKG (akg-images), Berlin; **43.6** AKG, Berlin; **44.7** AKG (Erich Lessing), Berlin; **45.10** Klett-Archiv (J. Klinger), Stuttgart; **48.15** AKG (Jerome da Cunha), Berlin; **50.1** Ullstein Bild GmbH (Granger Collection), Berlin; **51.2** Corbis (The Gallery Collection), Düsseldorf; **51.3** Ullstein Bild GmbH (Archiv Gerstenberg), Berlin; **52.4** Corbis (Pascal Deloche/Godong), Düsseldorf; **53.7** AKG (Erich Lessing), Berlin; **55.10** AKG, Berlin; **58.2** BPK, Berlin; **59.3** AKG, Berlin; **61.2** Bridgeman Art Library Ltd., Berlin; **61.3** Ullstein Bild GmbH, Berlin; **63.7** AKG (Bibliotheque Nationale, Paris), Berlin; **67.14** Ullstein Bild GmbH (Granger Collection), Berlin; **67.17** The Picture Desk (Museo de Arte Antiga Lisbon/Gianni Dagli Orti), London; **69.20** Salzgeber & Co. Medien GmbH, Berlin

Sollte es in einem Einzelfall nicht gelungen sein, den korrekten Rechteinhaber ausfindig zu machen, so werden berechtigte Ansprüche selbstverständlich im Rahmen der üblichen Regelungen abgegolten.

Umschlagbild: Marmorne Windrose auf dem Platz vor dem „Denkmal der Entdeckungen" in Lissabon, Portugal. Die Windrose, mit einem Durchmesser von 50 Metern, zeigt die Routen der portugiesischen Entdecker im 15. und 16. Jahrhundert und erinnert so an die große Seefahrerzeit Portugals. Foto 2007.

1. Auflage 1 5 4 3 2 1 | 14 13 12 11 10

Alle Drucke dieser Auflage sind unverändert und können im Unterricht nebeneinander verwendet werden.
Die letzte Zahl bezeichnet das Jahr des Druckes.

Autoren: Katja Böttche, Bensheim: S. 22–29, S. 39–59; Dr. Björn Opfer-Klinger, Leipzig: S. 14–21, S. 30–38; Martin Wicke, Köln: S. 5–13, S. 60–71

Redaktion: Dr. Björn Opfer-Klinger, Jana Schumann
Herstellung: Jeanette Frieberg

Satz: druckmedienzentrum, Gotha
Reproduktion: Meyle + Müller, Medien Management, Pforzheim
Kartenbearbeitung: Ingenieurbüro für Kartografie Joachim Zwick, Gießen
Druck: Druckhaus Götz GmbH, Ludwigsburg

Printed in Germany
ISBN 978-3-12-430048-5

9 783124 300485

Inhalt

Online-Link
Mit Hilfe dieses Links gelangen Sie zu ergänzendem Zusatzmaterial. Einfach auf www.klett.de/online gehen und in das Link-Feld die Nummer 430048-0000 eingeben.

1 Wirtschaftliche und gesellschaftliche Veränderungen in Europa

1.1 Wandel in Stadt, Land und Handel

Stetiges Bevölkerungswachstum

Die Bevölkerung Europas – aber auch in Nordafrika und Teilen Asiens – war im 14. Jahrhundert infolge von Wechselbeziehungen aus Missernten, Hungersnöten und Seuchen stark dezimiert worden. Schätzungen gehen davon aus, dass die Bevölkerung Europas in dieser Zeit um 30–50 % zurückging. In den anschließenden Jahrzehnten wurde dieser Rückgang zwar gestoppt, doch stagnierte die Bevölkerungssituation. Erst Ende des 15. Jahrhunderts erfolgte wieder ein langsames, nun aber stetiges Bevölkerungswachstum (▶ M 8). Allerdings veränderte sich in manchen Regionen Europas in gravierender Weise die Bevölkerungsstruktur und rief zahlreiche Konflikte hervor.

Elend auf dem Lande und beim Kleinadel

Wenn auch die Gesamtbevölkerungszahl nur langsam stieg, kam es doch durch Landfluchtbewegungen zu einem raschen Anwachsen städtischer Zentren, u.a. in Norditalien und Flandern. Dies führte zu starken Veränderungen der ländlichen Situation da vielerorts den feudalen Verhältnissen in Gestalt der Leibeigenschaft die Grundlage entzogen wurde. Viele Grundherren waren zur Eigenbewirtschaftung ihres Landes, zur Beschäftigung bezahlter Arbeitskräfte oder aber zur Umstellung auf weniger personalintensive Weidewirtschaft gezwungen.
Die Hauptleidtragenden aber waren die Bauern, die auf ihren Höfen zurückblieben. Der starke Bevölkerungsrückgang seit Mitte des 14. Jahrhunderts hatte auch die Nachfrage an Getreide und anderen landwirtschaftlichen Produkten einbrechen lassen. Die Preise waren entsprechend gesunken. Dadurch verloren die Grundherren einen wichtigen Teil ihrer Einnahmen, worauf diese versuchten, auf andere Art die bäuerlichen Dienste und Abgaben zu erhöhen. Viele Bauern gerieten dadurch in noch größere Abhängigkeit zu ihren Grundherren und mussten wiederholt eine Beschneidung ihrer Rechte hinnehmen. Die betraf vor allem die Bauern im Osten des Deutschen Reiches, wo es weniger städtische Zentren gab. Viele der Bauern mussten nun auch häufig Fronarbeit auf den Gutshöfen ihrer Herren leisten und ihre Kinder in den Gesindedienst schicken. Im Rheinland oder im Süden des Reiches sah dies anders aus, konnten doch die Bauern in die dortigen städtischen Zentren abwandern. Die Grundherren mussten daher versuchen, ihre Bauern zu halten und konnten deren Rechte nicht einschränken. Stattdessen erlebte der dortige Kleinadel einen gravierenden sozialen Abstieg. Die Naturalleistungen ihrer Bauern hatten durch den Verfall der Agrarpreise ständig an Wert verloren. Gleichzeitig hatten sie aufgrund der Veränderungen im Militärwesen wie bspw. den zunehmenden Einsatz von Söldnern, an Bedeutung verloren. Viele Kleinadelige waren Ende des 15. Jahrhunderts hoch verschuldet und sahen sich ihrer Existenzberechtigung beraubt. Ihre eigenständige Stellung gegenüber den Städten und Territorialherren war immer mehr bedroht (▶ M 4). Einige suchten ihr Heil in den langsam entstehenden Verwaltungs- und Militärstrukturen der mächtigeren Territorialherren. Andere wurden Raubritter, und einige Reichsritter versuchten 1522/23 vergeblich, durch einen Aufstand ihre alte Bedeutung zurückzugewinnen.

1 **Leben auf der Dorfstraße**, Holzschnitt von P. Vergilius um 1537

Aufstieg der Städte

Den Veränderungen auf dem Land stand eine Blüte der Stadtwirtschaft gegenüber. Manch ein wohlhabender Städter, beispielsweise Kaufleute, nutzte die Möglichkeit, sein Geld in Grundbesitz zu investieren und gezielt neue, Gewinn versprechende Bodenkulturen voranzutreiben. Nicht selten reagierten sie dabei auf neue Bedürfnisse in den wachsenden städtischen Zentren. Veränderungen in Mode- und Konsumverhalten beim höheren Adel und reichen Kaufleuten verlangte nach hochwertigen Rohstoffen zur Textilherstellung. Manche Städte änderten in dieser Zeit in erheblichem Maße ihre Wirtschaftsstruktur. Basierte der Reichtum von Venedig im ausgehenden Mittelalter noch auf dem Fernhandel, so entwickelte sich nunmehr eine verarbeitende Industrie (Textil, Glas) zum wichtigsten Wirtschaftszweig. Neben der Herausbildung neuer städtischer Wirtschaftszentren entstand ein weiterer neuer Städtetypus: die Residenzstadt.
Bis ins späte 12. Jahrhundert hinein waren Fürsten in ihren Ländereien von Ort zu Ort gezogen. Seit dem 13. Jahrhundert, seitdem Abgaben überwiegend in Geld und nicht mehr in Naturalien entrichtet wurden, bildeten sich immer mehr feste Residenzorte heraus. In den nunmehr festen Wohnsitzen des Fürsten wurden Versammlungen abgehalten, bildeten sich Verwaltungsstrukturen heraus und richteten Adelige eigene Häuser ein. Dadurch wuchsen Städte wie Paris, Madrid oder London stark an.

2 Neues Stadtleben, Holzschnitt um 1550
Gezeigt wird die Spezialisierung der Stadtbürger in Handwerk und Handel: Orgelspieler, Kaufmann mit Rechenbrett, Schreiber, Holzbildhauer, Maler, Gelehrter, Arzt und Astrologe, Goldschmied und eine Straße mit Kaufläden; oben das Tierkreiszeichen des Merkur, des Gottes des Handels und der Kaufleute.

Eine neue bürgerliche Gesellschaft
Die neuen Wirtschaftsstrukturen in den Städten und deren wachsender Wohlstand förderten die Herausbildung einer neuen bürgerlichen Schicht. Das Bild des „Bürgers" in Abgrenzung gegenüber dem Landadel und Bauern, aber auch den „unehrlichen" Leuten wie Landsknechten oder Spielleuten, prägte bald das Selbstbewusstsein von Kaufleuten und vieler zunehmend spezialisierter Handwerker. Im 16. Jahrhundert sollte sich dies mit Einflüssen der Reformation verbinden und einen neuen Arbeitsethos entwickeln. Fleiß und Arbeitsamkeit wurden hoch geschätzt, Faulheit und Müßiggang hingegen verachtet. Ebenso entwickelten die wohlhabend gewordenen Bürger ein „zivilisiertes Auftreten", z. B. durch Tischsitten und Kleiderordnungen, heraus, wodurch sie sich auch äußerlich von den „unzivilisierten", „ungehobelten" ärmeren Schichten abgrenzten (▶ M 6).

Die Verlierer des Strukturwandels
Solche Veränderungen mussten zwangsläufig neue Probleme hervorrufen. Landwirtschaftliche Regionen, die sich auf die Bedürfnisse städtischer Manufakturen ausrichteten und nicht selten von einer starken Mobilität saisonbeschäftigter Landarbeiter bestimmt waren, versorgten sich nur bedingt durch eigenen Anbau. Sie mussten daher, je nach Saison, in wachsendem Maße Lebensmittel importieren.
Die sich herausbildenden städtischen Zentren konnten sich dadurch auch nicht mehr durch das Umland mit Getreide, Fleisch oder Gemüse versorgen (▶ M 12 – M 14). Städte konnten daher nur dort wachsen, wo eine Versorgung aus weit entfernten Regionen mit Lebensmitteln und Rohstoffen möglich war. Der Transport großer Massen von Waren war zu Lande allerdings kaum möglich. Der Fernhandel mit Massenprodukten war daher nur auf dem Wasser, also Flüssen, Kanälen oder auf dem Meer, möglich. Dies führte automatisch zum Niedergang vieler Städte und Regionen und erlaubte anderen einen wirtschaftlichen Aufstieg.

3 Das Leben der Bauern

Der humanistische Gelehrte Johannes Boemus (1485–1535) verfasste 1520 die erste volkskundliche Darstellung des Bauernstandes:

Der letzte Stand ist derer, die auf dem Lande in Dörfern und Gehöften wohnen und dasselbe bebauen und deshalb Landleute genannt werden. Ihre Lage ist ziemlich bedauernswert und hart. Sie wohnen abgesondert voneinander, demütig mit ihren Angehörigen und ihrem Viehstand. Hütten aus Lehm und Holz, wenig über die Erde emporragend und mit Stroh gedeckt, sind ihre Häuser. Geringes Brot, Haferbrei oder gekochtes Gemüse ist ihre Speise, Wasser und Molken ihr Getränk. Ein leinener Rock, ein paar Stiefel, ein brauner Hut ist ihre Kleidung. Das Volk ist jederzeit ohne Ruhe, arbeitsam, unsauber. In die nahen Städte bringt es zum Verkaufe, was es vom Acker und vom Vieh gewinnt, und kauft sich wiederum hier ein, was es bedarf; denn Handwerker wohnen keine oder nur wenige unter ihnen. In der Kirche, von denen eine für die einzelnen Gehöfte gewöhnlich vorhanden ist, kommen sie an Festtagen vormittags alle zusammen und hören von ihrem Priester Gottes Wort und die Messe, nachmittags verhandeln sie unter der Linde oder an einem anderen öffentlichen Orte ihre Angelegenheiten, die Jüngeren tanzen darauf nach der Musik des Pfeifers, die Alten gehen in die Schenke und trinken Wein. Ohne Waffen geht kein Mann aus: sie sind für alle Fälle mit dem Schwerte umgürtet. Die einzelnen Dörfer wählen aus sich zwei oder vier Männer, die sie Bauermeister nennen, das sind Vermittler bei Streitigkeiten und Verträgen und die Rechnungsführer der Gemeinde. Die Verwaltung aber haben nicht sie, sondern die Herren oder die Schulzen, die von jenen bestellt werden. Den Herren fronen sie oftmals im Jahre, bauen das Feld, besäen es, ernten die Früchte, bringen sie in die Scheunen, hauen Holz, bauen Häuser, graben Gräben. Es gibt nichts, was dieses sklavische und elende Volk ihnen nicht schuldig sein soll, nichts, was es, sobald es befohlen wird, ohne Gefahr zu tun verweigert: der Schuldige wird streng bestraft. Aber am härtesten ist es für die Leute, dass der größte Teil der Güter, die sie besitzen, nicht ihnen, sondern den Herren gehört und dass sie sich durch einen bestimmten Teil der Ernte jedes Jahr von ihnen loskaufen müssen.

Zit. nach: Günther Franz (Hg.), Quellen zur Geschichte des deutschen Bauernstandes in der Neuzeit, Darmstadt 2. Aufl. 1963, S. 2–4.

4 Die Lage der Ritterschaft und des Kleinadels

a) Aus einem Brief des Reichsritters und Humanisten Ulrich von Hutten (1488–1523) an den Nürnberger Patrizier Willibald Pirckheimer (1470–1530) aus dem Jahr 1518:

Um uns steht es so, dass mir die Zeitläufte keine Ruhe ließen, sogar wenn ich ein höchst ansehnliches Erbe besäße und von meinen Einkünften leben könnte. Man lebt auf dem Feld, im Wald und in den bekannten Burgen auf dem Berg. Die uns ernähren, sind bettelarme Bauern, denen wir unsere Äcker, Weinberge, Wiesen und Wälder verpachten. Der einkommende Ertrag ist, gemessen an der aufgewandten Mühe, geringfügig; aber man sorgt und plagt sich sehr, dass er großmächtig werde. Denn wir müssen höchst sorgsame Hausväter sein.

Sodann müssen wir uns in den Dienst eines Fürsten stellen, von dem wir Schutz erhoffen. Wenn ich das nicht tue, glaubt jeder, er könne sich alles gegen mich erlauben. Aber auch wenn ich es tue, ist diese Hoffnung täglich mit Gefahr und Furcht verbunden. Gehe ich nämlich von Hause fort, so muss ich fürchten auf Leute zu stoßen, mit denen der Fürst, wie bedeutend er auch sein mag, Fehde oder Krieg führt und die mich seinetwegen anfallen und wegschleppen. Wenn es dann mein Unglück will, geht leicht mein halbes Vermögen als Lösegeld darauf, und so droht eben von dorther ein Angriff, von wo ich Abwehr erhoffte. Deswegen halten wir uns Pferde und Waffen und umgeben uns mit zahlreichem Gefolge, alles unter großen und spürbaren Kosten. Unterdessen gehen wir nicht einmal im Umkreis von zwei Joch[1] ohne Waffen aus. Kein Dorf können wir unbewaffnet besuchen, auf Jagd und Fischfang nur in Eisen gehen. Außerdem entstehen häufig Streitigkeiten zwischen fremden Meiern und unseren; kein Tag vergeht, an dem uns nicht ein Zank hinterbracht wird, den wir dann möglichst vorsichtig beilegen müssen. Denn sobald ich zu eigensinnig das Meine behaupte oder Unrecht ahnde, gibt es Krieg. Wenn ich aber zu sanftmütig nachgebe oder etwas vom Meinen preisgebe, bin ich sofort den Rechtsbrüchen aller anderen ausgeliefert, denn dann will jeder als Beute für ein Unrecht haben, was dem einen zugestanden wurde. Doch unter welchen Menschen geschieht dies? Nicht unter Fremden, mein Freund, nein, zwischen Nachbarn, Verwandten und Angehörigen, ja sogar unter Brüdern. Das sind unsere ländlichen Freuden, das ist unsere Muße und Stille!

Die Burg selbst, ob sie auf dem Berg oder in der Ebene liegt, ist nicht als angenehmer Aufenthalt, sondern als Festung gebaut. Sie ist von Mauer und Gräben umgeben, innen ist sie eng und durch Stallungen für Vieh und Pferde zusammengedrängt. Daneben liegen dunkle Kammern, vollgepfropft mit Geschützen, Pech, Schwefel und sonstigem Zubehör für Waffen und Kriegsgerät. Überall stinkt es nach Schießpulver; und dann die Hunde und ihr Dreck, auch das – ich muss es schon sagen – ein lieblicher Duft! Reiter kommen und gehen, darunter Räuber, Diebe und Wegelagerer. Denn fast für alle stehen unsere Häuser offen, weil wir nicht wissen, was das für Leute sind, oder uns nicht groß danach erkundigen. Man hört das Blöken der Schafe, das Brüllen der Rinder, das Bellen der Hunde, das Rufen der auf dem Feld Arbeitenden, das Knarren und Rattern der Fuhrwerke und Karren; ja sogar das Heulen der Wölfe hört man in unserem Haus, weil es nahe am Wald liegt.

Der ganze Tag bringt vom Morgen an Sorge und Plage, ständige Unruhe und dauernden Betrieb. Äcker müssen gepflügt und umgegraben werden, Weinberge müssen bestellt, Bäume gepflanzt, Wiesen bewässert werden; man muss eggen, säen, düngen, mähen und dreschen; jetzt steht die Ernte bevor, jetzt die Weinlese. Wenn aber einmal ein schlechtes Ertragsjahr kommt, wie in dieser mageren Gegend meistens, dann haben wir fürchterliche Not und Armut.

[1] Altes Flächenmaß, ca. 0,5 ha.

Zit. nach: Arno Borst, Lebensformen des Mittelalters, Frankfurt/Berlin/Wien 1970, S. 173–175.

b) Beschwerde der fränkischen Ritterschaft an den Reichstag von Nürnberg, 1522:

Es ist den Grafen, Herren, auch anderem Adel beschwerlich, nachdem fast alle Stände im Römischen Reiche aus ihrer Notdurft zuzeiten zusammenkommen, dass etliche Fürsten und Obrigkeiten zuzeiten ihrem Adel solches mit Gewalt zu wehren unterstehen. […] – Ferner haben die Fürsten besonders in hochdeutschen Landen eine Neuerung vor kurzem angefangen, dass ihrer viele alle heimgestorbenen weltlichen Lehen für sich behalten, so doch ihrer Gnaden Vorfahren deren viele oft gnädig wieder unter den Adel verliehen. – Wiewohl in vielen Landen deutscher Nation ein beständiger Gebrauch [...] ist, dass die Grafen, Herren und gemeiner Adel ihren Fürsten und Lehnherren um ihre Lehnsgüter ohne Besoldung außerhalb derselben Fürstentümer [...] zu dienen nicht schuldig sind, es sei denn, dass sie es aus gutem Willen tun, so haben sich doch etliche Fürsten neulich daselbst unterstanden, als ob er ihren Gnaden überall und allerwege zu dienen schuldig sei. – Etliche Fürsten lassen oft vor ihre Landgerichte Sachen ziehen, die nicht dahin, sondern vor ihre ordentliche Obrigkeit, den Adel und andere, hinter denen die beklagte Partei sitzt, gehören, wie Klagen um Schmähworte, Geldschuld u. dgl. – Etliche Fürsten und andere Obrigkeiten haben von Kaiserlicher Majestät hochlöblichen Gedächtnisses neulich die Freiheit erkauft, dass, so ein Endurteil [...] in Sachen, die nicht über 400–600 Gulden Wert betreffen, an ihren Gerichten eröffnet würde, der verlierende Teil davon an Kaiserliche Majestät oder ihr Gericht nicht appellieren darf [...]; was nicht geringe Ursachen zu Fehden und tätlichen Angriffen gibt.

Zit. nach: Gerhart Bürck/Richard Dietrich (Hg.), Weltgeschichte im Aufriss, Band II, Frankfurt/Berlin/München, 15. Aufl. 1971, S. 215 f.

5 **Titelblatt „Grobianus Tischzucht“ von 1583.**

6 Gutes Benehmen

In seiner Schrift „Von der kindlichen Höflichkeit“ erläutert Erasmus von Rotterdam zivilisierte Verhaltensweisen:

Wenn einer eine Rotznase hat, ist er ein unreinlicher Mensch. [...] Wer sich in seine Mütze oder in einen Zipfel seines Gewandes schnäuzt, benimmt sich wie ein Bauer, wer auf den Arm oder auf den Ellenbogen wie ein Pökelhändler. Es ist auch nicht reinlicher, sich in die Hand zu schnäuzen und sie dann an den Kleidern abzuwischen. Da ist es anständiger, sich eines Taschentuchs zu bedienen und sich umzudrehen, wenn eine ehrenwerte Person dabei steht.

Man muss seine Zähne sorgfältig rein halten. Sie mit Hilfe von Pulvern zu bleichen ist eine ganz weibische Art. Sie mit Salz oder Alaun zu scheuern schadet dem Zahnfleisch. Sie mit Urin zu putzen ist eine spanische Mode. Wenn Speisereste zwischen den Zähnen stecken bleiben, so soll man sie nicht mit einer Messerspitze, nicht nach Art der Katzen mit den Fingernägeln und auch nicht mit Hilfe einer Serviette entfernen. Bediene Dich eines Sprosses vom Mastixstrauch, eines Federkiels oder eines jener kleinen Knochen, die man aus Hähnchen oder Suppenhühnern herausziehen kann.

Man vernachlässigt sich, wenn man sich nicht kämmt. Doch ordentlich sein heißt nicht, dass man sich wie ein Mädchen herausputzt. Achte darauf, dass Du keine Läuse oder Nissen hast: Das ist abscheulich. Es gehört sich nicht, wenn man sich in Gegenwart eines anderen ständig im Haar wühlt. Ebenso ist es ungehörig, sich mit den Fingernägeln zu kratzen, vor allem, wenn es zur Gewohnheit wird und unnötig geschieht. Das Haar soll weder in die Stirn fallen noch bis auf die Schultern herabhängen. Man soll es auch nicht aus dem Gesicht schütteln, denn das wirkt wie bei einem Pferd, das seine Mähne schüttelt.

Zit. nach: Léon E. Halkin, Erasmus von Rotterdam. Eine Biographie, Zürich, 2. Aufl. 1992, S. 266.

7 Demographischer Wandel

Der Wirtschaftshistoriker Ilja Mieck erläutert die demographische Entwicklung Europas an der Schwelle zur Neuzeit:

Die Bevölkerungszahl Europas wird für die Zeit um 1500 auf 60 bis 70 Millionen geschätzt und entsprach damit knapp dem Stand, der schon einmal – um 1300 – erreicht worden war. [...] Seit der „European Famine“, der großen Hungersnot der Jahre 1313–17, waren die zyklischen Wechselbeziehungen zwischen Missernten, Hungersnöten und Seuchen immer stärker in Erscheinung getreten. Die biologische Widerstandskraft der durch Unterernährung geschwächten Bevölkerung ging zurück; den wiederholten Epidemien, deren Wucht durch die unzulänglichen Bekämpfungsmaßnahmen und die mangelhaften allgemeinen hygienischen Verhältnisse verstärkt wurde, fielen immer mehr Menschen zum Opfer. Die Dezimierung der arbeitsfähigen Bevölkerung bildete wiederum eine wichtige Ursache erneuter Hungersnöte in den anschließenden Phasen eines demographischen Ausgleichs. So waren das biologische Potential Europas schon erheblich unterminiert und die Bevölkerungszahl bereits im Rückgang, als 1348 die nach Europa übergreifende Beulenpest, der berüchtigte „Schwarze Tod“, die Krise verschärfte und die vorhandenen Bevölkerungslücken in ungeheurem Maße vergrößerte. Die Regeneration wurde durch spätere Epidemien (1360, 1371) von neuem in frage gestellt, so dass im ganzen 14. Jahrhundert die absteigende Linie dominierte. Am Ende dieses Zeitraumes dürfte die Bevölkerung Europas um 30–50 % zurückgegangen sein.

8 Neben Norditalien bildete sich auch in der Region zwischen der niederländischen Kanalküste und dem Niederrhein ein rasch wachsender Wirtschaftsraum heraus.

Im folgenden Jahrhundert blieb es zunächst bei diesem niedrigen Stand, die rückläufige Tendenz wich infolge einer geringeren Intensität der Krisenfaktoren einer Stagnation. Das Wachstum mancher Städte resultierte aus der Landfluchtbewegung und änderte nichts an der Tatsache der Gesamtkonstanz der Bevölkerungszahl. Erst seit dem letzten Viertel des 15. Jahrhunderts zeichnete sich ein neuer Aufstieg ab. Von einigen Ausnahmen abgesehen, verlief die demographische Entwicklung Europas von nun an bis ins frühe 17. Jahrhundert in einer zwar ruhigen, aber stetigen Aufwärtsbewegung. [...]
Besonders im Bereich der Landwirtschaft, die im Spätmittelalter Hauptfaktor der Wirtschaftsproduktion und wichtigste Erwerbsquelle war, hatte die demographische Entwicklung weitreichende Konsequenzen. Neben dem allgemeinen Bevölkerungsrückgang, der in manchen Gegenden den Charakter eines Aussterbens annahm, führte eine verstärkte Landflucht zur Verödung weiter Gebiete und Entstehung zahlreicher Wüstungen. [...]
Der Mangel an Arbeitskräften konnte trotz höherer Löhne und niedriger Pachtsätze, zu denen sich die Grundherren notgedrungen verstehen mussten, nicht überwunden werden. Aus der verminderten Anbaufläche ergab sich ein Rückgang der Getreideproduktion, ehemals reiche Überschussgebiete waren gezwungen, zur Versorgung der Bevölkerung neue Handelswege einzuschlagen. Dem Rückgang des traditionell wichtigen Getreidehandels im Mittelmeerraum infolge geschrumpfter Exportmöglichkeiten einiger Anliegerstaaten stand die wachsende Bedeutung des Ordensstaates gegenüber, deren Getreideüberschüsse seit dem 14. Jahrhundert von Danzig aus nach Nord- und Westeuropa verschifft wurden. [...]

Ilja Mieck, Europäische Geschichte der Frühen Neuzeit, Stuttgart 1994, S. 12 ff.

9 Gemeinsamkeiten von Mittelalter und der sogenannten Frühen Neuzeit in der Stadtentwicklung

Die Wirtschafts- und Sozialhistorikerin Helga Schultz über die Stadt im angehenden Mittelalter:

Die Geburt des modernen Europa datiert [...] nicht erst von den Entdeckungen des Kolumbus und des Vasco da Gama her, und sie wurde nicht erst durch die protestantischen Reformationen des 16. Jahrhunderts eingeleitet. Seine Wiege fand schon Jacob Burckhardt im Italien der Renaissance des 13. bis 15. Jahrhunderts, dessen Kultur blühender, feiner und diesseitiger als nordeuropäische war, da sie auf dem fruchtbaren Boden der Antike gedieh. Mächtige Stadtrepubliken wie Florenz, Genua und Venedig waren hier schon zweihundert Jahre zuvor vom Kaufmannsgeist beherrscht und auf den Handel gegründet. Doch nicht nur diese glänzende Epoche stellt das Bild vom dunklen Mittelalter in frage. War nicht die Urbanisierung Europas am Ende des 13. Jahrhunderts vollbracht, als das Städtenetz fast in seiner heutigen Dichte und Ausdehnung gespannt war? Und diese Städte verblieben während der Frühen Neuzeit – von den wenigen Haupt- und Residenzstädten abgesehen – in ihren mittelalterlichen Mauerringen. Die Städte erreichten während des hohen Mittelalters Befreiung von der feudalen Stadtherrschaft und rechtliche Autonomie, während die Frühe Neuzeit die Zurückdrängung städtischer Eigenständigkeit durch den absolutistischen Fürstenstaat erlebte. In den Stadtrepubliken des Mittelalters entwickelten sich die Institutionen der Warenwirtschaft und eine bürgerliche Stadtkultur. Wegen ihrer Handelsinteressen wirkten sie der regionalen Fragmentierung Europas entgegen. So wie Venedig mit seiner Herrschaft über das östliche Mittelmeer Orient und Okzident verknüpfte, so verband die von der Kaufmannsgilde zum Städtebund gereifte Hanse Skandinavien mit dem mittleren Europa.
Die Gemeinsamkeiten von Mittelalter und Früher Neuzeit fallen aus dieser Perspektive sehr viel stärker ins Gewicht, und die Zäsur um 1500 erweist sich als viel weniger tief.

Helga Schultz, Handwerker, Kaufleute, Bankiers. Wirtschaftsgeschichte Europas 1500–1800, Frankfurt/M. 1997, S. 13 f.

10 Fernhandel zwischen Zentrum und Peripherie

Der britische Wirtschaftshistoriker Peter Spufford erläutert den neuen Kaufmannstyp im 15. Jahrhundert:

Die Speerspitze der neuen Handelsorganisation waren die internationalen Firmen mit zahlreichen Niederlassungen und Anteilseignern, die bereit waren, mit allem und jedem zu handeln, sich am internationalen Bank- und Versicherungswesen zu beteiligen, an der Produktion und sogar am Einzelhandel. Es ist allerdings wichtig, daran zu erinnern, dass parallel zu diesen riesigen Firmen außerdem eine ganze Palette von weniger verzweigten Unternehmen existierte. Sogar in der Toskana gab es viele kleine und spezialisierte Firmen mit nur einer Niederlassung, dem Haupthaus in einer toskanischen Stadt und einer ausländischen Zweigstelle, die mit einer einzigen Ware handelten. […]

Zudem gab es selbstverständlich noch die zahlreichen Kaufleute, die mit ihren Waren umher reisten. Dieses traditionelle Handelsverfahren war bis ins 15. Jh. im nicht mediterranen Europa weiterhin mehr oder weniger allgemein gebräuchlich […] Jeglicher direkter europäischer Geschäftskontakt mit der restlichen Welt bedeutete ebenfalls, dass Kaufleute mit ihren eigenen Waren reisten. Obwohl Francesco Pegolotti[1] Angestellter eines der größten und komplexesten unter den florentinischen Unternehmen war, beschrieb er dennoch den Weg nach China dahingehend, dass einzelne Kaufleute ihre eigenen Leinenstoffe auf der Hinreise und ihre Seidenstoffe auf der Rückreise begleiteten. Die venezianischen Händler, die im 14. Jh. in Delhi Edelsteine kauften, waren ebenfalls selbst angereist.

[1] Florentinischer Händler (1310–1347), der u. a. China und Persien bereiste.

Peter Spufford, Handel, Macht und Reichtum. Kaufleute im Mittelalter, Stuttgart 2004, S. 36. Übers. Erwin Fink/Horst M. Langer.

12 Peter Spufford (2004): Schwierige Versorgung der urbanisierten Stadtbevölkerung

Nach Abebben der Pestepidemien nahm im 15. Jahrhundert die Stadtbevölkerung in Europa wieder zu. Dies stellte bald eine große Herausforderung dar, um z. B. Lebensmittel und billige Kleidung in ausreichender Menge in die Ballungsräume wie Norditalien oder Flandern bzw. wachsende Residenzstädte von Fürsten zu transportieren:

Einfache Leute aßen vor der Verbesserung ihrer Ernährung im 15. Jh. relativ wenig Fleisch, aber selbst „relativ wenig" erreichte bei 200 000 Menschen *[ungefähre Größe von Paris]* eine beachtliche Größenordnung, besonders wenn man die großen Mengen hinzurechnet, die der Hof und der Adel konsumierten. Vor Einführung der Kühltechnik wurde das Vieh normalerweise dort geschlachtet, wo es verzehrt wurde, sodass man große Stückzahlen als Lebendvieh nach Paris treiben musste […]. Die große Masse der Bevölkerung benötigte auch gewaltige Mengen preiswerter Kleidungsstücke. Davon stammte einiges von abgelegten Kleidungsstücken der Wohlhabenderen, die an ihre Dienstboten weitergegeben oder Flickschneidern verkauft wurden, die sie immer wieder umänderten. Einen anderen Teil stellte man neu aus billigerem Wolltuch her, wovon das meiste vor Ort gewoben wurde. […]

Was für Paris galt, traf, wenn auch in geringerem Maße, auch auf andere Hauptstädte zu. Einige, wie zum Beispiel London, Neapel oder Palermo, konnten im Grunde aus ihren eignen Ländern mit den notwendigen Lebensmitteln und Brennstoff versorgt werden. Bei anderen war das nicht der Fall, und diese lösten die Entwicklung des Fernhandels mit Massengütern aus. […]

Im Gegensatz zu Paris oder London, die im Wesentlichen von Frankreich beziehungsweise England ernährt werden konnten, mussten die Städte der Niederlande und Norditaliens häufig aus großen Entfernungen versorgt werden. […] Wegen eines von der Küste bis nach Köln entlang verlaufenden Gürtels von Haupt- und Industriestädten war es häufig unmöglich, mehr als einen kleinen Teil der Bevölkerung aus der Umgebung zu versorgen, […]. Mitte des 15. Jhs. erreichte die Stadtbevölkerung von Flandern, Brabant und

11 Handelsstadt Emden 1575

Vom zunehmenden Fernhandel des Nordseeraumes profitierten auch kleinere Städte wie Emden an der Emsmündung. Dieses erlebte nach der Verleihung des Stapelrechts 1495 bis ins 17. Jahrhundert hinein eine wirtschaftliche Blüte. Dabei profitierte Emden nicht zuletzt von der niederländischen Emigration während des Achtzigjährigen Krieges. (Siehe M 14)

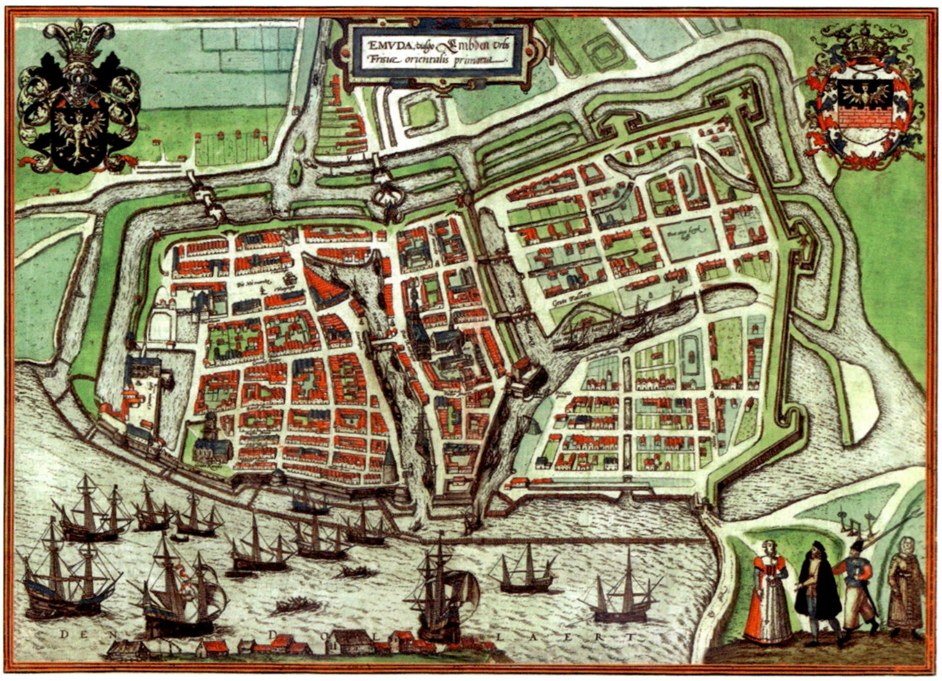

13 **Zur Versorgung der städtischen Zentren war ein Handel mit Rohstoffen und Lebensmitteln, z.B. Getreide, über oft weite Entfernung nötig.**

Holland zusammen 470000, und somit war am Ende des Jahrhunderts Ostseegetreide in diesen Städten wieder gefragt. Bis ins späte 15. Jh. war Brügge die bedeutendste Einfuhrstelle für die gesamte Region, aber einiges Getreide und Salz lief – in zunehmendem Umfang – über Antwerpen und Amsterdam und gelangte daher auf Binnenwasserwegen zu den Städten mit Bedarf. Gent, die größte Stadt in der Region und folglich der wichtigste Getreidekonsument, versuchte ein Monopol für alle Getreideimporte nach Flandern zu errichten, mit Ausnahme der für Brügge.
Im späten Mittelalter waren die Bewohner in den Städten des Manufakturgürtels zwischen Calais und Köln hauptsächlich auf die Fleischversorgung durch Rinder aus dem Gebiet westlich von Zuidersee im Oberstift (Oversticht) von Utrecht und aus Friesland angewiesen. Das Vieh wurde zuerst nach Norden ins Brabant geführt, im Umland von 's-Hertogenbosch gemästet und dann weiter zum Schlachten in die großen Städte getrieben. Im 15. Jh. wurden in Dänemark zusätzlich Rinder für die städtischen Märkte in Flandern, Brabant und Holland gehalten. Nach ihrem Verkauf auf den Viehmärkten Hamburgs wurden auch sie über das nördliche Brabant in die Städte getrieben. […]
Norditalien wies eine noch höhere Bevölkerungskonzentration auf als die südlichen Niederlande, und folglich waren dort die Probleme der Eigenversorgung entsprechend größer. Die Zahl der zu ernährenden Menschen war weitaus höher als in Paris. Obgleich sehr fruchtbar, konnten die ländlichen Gebiete der Toskana und der Lombardei mit ihren mittelalterlichen Erträgen die dortigen Städte nicht einmal annähernd versorgen. Getreide musste aus anderen Gegenden am Mittelmeer über Venedig, Pisa und Genua importiert werden, ebenso Wein und Öl. Fleisch für die Städte nördlich der Apenninen lieferten Rinder aus ungarischer Züchtung. Man trieb sie um die östlichen Alpenausläufer, mästete sie in Aquilea nochmals und brachte sie dann zur Schlachtung direkt in die norditalienischen Städte selbst. Ungarn lieferte gleichermaßen auch Fleisch für die süddeutschen Städte. In der Toskana war Hammelfleisch wichtiger. Riesige Schafherden wurden von Süditalien heraufgetrieben. Von einigen einzelnen Unternehmern ist bekannt, dass sie bis zu 7000 oder 8000 Schafe und Ziegen pro Jahr zum Viehmarkt am Ufer des Arno brachten.

Peter Spufford, Handel, Macht und Reichtum. Kaufleute im Mittelalter, Stuttgart 2004, S. 76 ff. Übers. Erwin Fink/Horst M. Langer.

14 Die Stadt zu Beginn der Neuzeit

Die Historikerin Hiltrud Wallenborn über den Aufstieg der atlantischen Fernhandelsstädte wie Amsterdam, Hamburg oder London am Beispiel der Zuwanderung jüdischer Glaubensflüchtlinge aus Spanien und Portugal seit 1492 bzw. während des Achtzigjährigen Krieges zwischen den Niederlanden und Spanien (1568–1648) geflohener niederländischer Protestanten:

In der modernen Stadtgeschichtsforschung ist die Frühe Neuzeit – zumindest was den mitteleuropäischen Bereich angeht – als „Städtetal“ bezeichnet worden. Dieses Urteil bezieht sich einerseits auf die Anzahl der Stadtneugründungen, die nach 1450 drastisch zurückging, und andererseits auf die demographische und wirtschaftlich-materielle Entwicklung bereits bestehender Städte, die häufig stagnierte und sogar rückläufig war. Die demographische Entwicklung von Amsterdam, Hamburg und London verlief jedoch genau entgegengesetzt zu dem hier festgestellten Trend. Alle drei Städte hatten während des 16. Jahrhunderts einen starken Bevölkerungszuwachs zu verzeichnen, der im 17. Jahrhundert sogar noch zunahm. So war Hamburg um 1500 mit ca. 16000 Einwohnern nur eine mittelgroße Stadt – etwa so groß wie Bremen oder Braunschweig, gut halb so groß wie Lübeck. Um 1600 zählte die Stadt bereits 22500 Einwohner […]. Das rasche Bevölkerungswachstum des ausgehenden 16. Jahrhunderts setzte sich in den ersten Jahrzehnten des 17. Jahrhunderts fort, und 1616 war Hamburg mit knapp 36000 Einwohnern zur größten Stadt im Norden des Reiches aufgestiegen. Damit hatte Hamburg zwischen 1500 und 1616 trotz der Pestjahre ein relatives Bevölkerungswachstum von über 150% aufzuweisen. Noch schneller entwickelte sich Amsterdam. Mit etwa 10000 Einwohnern war die Stadt um

1500 noch kleiner als Hamburg gewesen. Bis 1570 verdreifachte sie jedoch ihre Bevölkerungszahl auf 30000, und als im letzten Drittel des 16. Jahrhunderts die Zuwanderung aus den südlichen Niederlanden einsetzte, konnte sie ihre Bevölkerungszahl noch einmal verdoppeln. Zu Beginn des 17. Jahrhunderts hatte Amsterdam mit etwa 60000 Einwohnern Hamburg weit überholt. Den größten Zuwachs sowohl in absoluten als auch in relativen Zahlen hatte jedoch London zu verzeichnen. Um 1500 war es mit knapp 43000 Einwohnern im Gegensatz zu Amsterdam und Hamburg zwar bereits eine Großstadt, rangierte jedoch noch deutlich hinter Städten wie Paris, Venedig und Neapel. Ein Jahrhundert später war seine Bevölkerungszahl bereits auf 200000 und um 1650 sogar auf 375000 angewachsen. [...]

Innerhalb des Wirtschaftssystems einer durchschnittlichen mittelalterlichen Stadt gab es für Zuwanderer und Fremde nicht viel Raum. Alle Handwerksberufe waren in Zünften organisiert, die die Ausübung des jeweiligen Handwerks streng limitierten. Wer nicht bereits bei einem in der Stadt ansässigen Meister Geselle gewesen war, hatte es schwer, eine Meisterstelle zu erwerben. Nichtchristen blieben von vornherein ganz ausgeschlossen. Wurde – etwa in Kleinstädten – zusätzlich Landwirtschaft betrieben, so befanden sich die stadtnahen landwirtschaftlichen Flächen meist im Besitz der städtischen Handwerker und standen nicht Zuwanderern zur Verfügung. Auch im Bereich des Handels sah es nicht viel besser aus. Der Handel mit dem Um- und Hinterland versprach in der Regel keine großen Absatzchancen und war außerdem fest in der Hand der städtischen Handwerker und der im Umland lebenden Bauern, die auf dem städtischen Markt ihre Produkte austauschten. Im Bereich des Fernhandels waren die Märkte und Absatzchancen zwar größer, aber die in einer Stadt ansässigen Fernhandelskaufleute waren häufig ähnlich wie die Handwerker in Gesellschaften und Gilden zusammengeschlossen, die nur eine begrenzte Zahl von Mitgliedern zuließen [...]. Da also in dem hier idealtypisch dargestellten Wirtschaftssystem einer mittelalterlichen Stadt aller einigermaßen einträglichen und mit einem gewissen Sozialprestige verbundenen Bereiche nach außen fast hermetisch abgeschlossen waren, fanden Fremde in aller Regel nur am unteren Ende des sozialen Spektrums Platz [...] und konnten sich als Lehrlinge, Gesellen, Tagelöhner oder Hausangestellte verdingen. [...]

Dieses geschlossene Wirtschaftssystem war in Amsterdam, Hamburg und London zu der Zeit, als die spanischen und portugiesischen Conversos[1] dort über ihre „Aufnahme“ verhandelten, bereits so weit aufgebrochen, dass Zuwanderer und Fremde hier nicht nur am unteren Ende des sozialen Spektrums, sondern auch auf gehobener sozialer Ebene ihr Auskommen finden konnten. Der „Hebel“ für diesen Umbruch war [...] der Fernhandel, dessen Strukturen sich so gewandelt hatten, dass er nun auch Fremden eine Chance auf Entfaltung bot [...].

Ebenso wie in Amsterdam nahm auch in Hamburg seit dem Ende des Mittelalters der Fernhandel einen starken Aufschwung. [...] Diesen Aufstieg verdankte Hamburg einer Wirtschafts- und Handelspolitik, die die Bindungen der Stadt an den hansischen Städtebund und die handelspolitischen Prinzipien der Hanse immer stärker vernachlässigte, stattdessen eigene Interessen verfolgte und dabei neue Wege einschlug. [...] Sichtbarstes Zeichen der Bedeutung, die Hamburg sich im europäischen Fernhandel erworben hatte, war die 1558 gegründete Börse, die erste in Deutschland und [...] vierte in Europa überhaupt.

Ein wesentlicher Faktor für den weiteren Aufstieg Hamburgs als Fernhandelsstadt war in der zweiten Hälfte des 16. Jahrhunderts neben dem Ausbau des Elbhafens ein Richtungswechsel in der Fremdenpolitik. Im Gegensatz zu Amsterdam hatte Hamburg, entsprechend den Prinzipien der Hanse, gegenüber fremden Kaufleuten in der Vergangenheit immer eine restriktive Politik betrieben. Diesen war der dauernde Aufenthalt in der Stadt nicht ohne Weiteres gestattet, und was Zölle und sonstige Abgaben anging, so wurden sie zugunsten der einheimischen Bürger deutlich benachteiligt. In Abkehr von dieser Politik begann Hamburg in den 60er-Jahren des 16. Jahrhunderts jedoch, auch ausländischen Kaufleuten die Ansiedlung unter günstigen Bedingungen zu gestatten. [...] Diese liberale Politik zahlte sich für Hamburg bald aus. Die Zuwanderer aus den südlichen Niederlanden brachten nämlich nicht nur zusätzliche internationale Geschäftskontakte mit, sondern auch moderne Handels- und Betriebsformen, sodass der gesamte Hamburger Handel, vor allem aber der Handel mit den Niederlanden und der Iberischen Halbinsel, aufgrund ihres wirtschaftlichen Engagements einen weiteren Aufschwung nahm.

[1] Zum Christentum konvertierte spanische und portugiesische Juden.

Hiltrud Wallenborn, Bekehrungseifer, Judenangst und Handelsinteresse. Amsterdam, Hamburg und London als Ziele sefardischer Migration im 17. Jahrhundert. Hildesheim 2003, S. 48f., 52f. und 57–60.

15 Zwanzigjähriges schwarzes Hausmädchen eines portugiesischen Kaufmanns in Antwerpen 1521, Zeichnung von Albrecht Dürer

Zu den Handelswaren gehörten nach wie vor auch Menschen. Besonders groß war der Bedarf an Ruderssklaven für die Galeeren. Es wurden aber auch Menschen für die Höfe der Fürsten oder die Häuser reicher Kaufleute gehandelt.

16 Veränderungsprozesse im Handel

Europa selbst war im 14. Jahrhundert nicht nur Schauplatz eines Wandels der Handelsrouten sowohl innerhalb als auch außerhalb des Kontinents, sondern es erlebte auch einen bedeutenden Umschwung vieler Volkswirtschaften von Wachstum zu Schrumpfung. Dieser Schrumpfungsprozess ist vereinzelt als die „Depression der Renaissance" bezeichnet worden. Er stand mit einem außerordentlichen Bevölkerungsrückgang in Zusammenhang, den eine Klimaverschlechterung und Hungersnöte auslösten, auf die wiederum lang anhaltende Schübe der Beulenpest folgten. Gleichzeitig trat eine tief greifende Verknappung der Zahlungsmittel ein, die sowohl Geld als auch Kreditgewährung betraf und die letztlich auf die Erschöpfung der Silberbergwerke Mitteleuropas zurückging.

Peter Spufford, Handel, Macht und Reichtum. Kaufleute im Mittelalter, Stuttgart 2004, S. 12. Übers. Erwin Fink/Horst M. Langer.

17 Handelszentrum Venedig

Venedig war während des 16. Jahrhunderts das Zentrum der Luxusgewerbe. Es war der Ursprungsort kostbarer Seiden- und Samtstoffe und der mit Gold und Silber durchwirkten Brokate, und seine Tuchmacher brachten so dichte, glatte und echtfarbige Wollstoffe hervor, wie man sie nirgendwo sonst in Europa zu machen verstand. Venedig beherbergte die Glas- und Spiegelproduktion auf der Insel Murano mit ihren streng bewachten Produktionsgeheimnissen, und es führte in der Herstellung parfümierter Seifen und feiner Wachsarbeiten. Diese Gewerbe gaben Venedigs Handel eine sichere Basis. […]
Erst die Niederlage im Krieg gegen die Osmanen im Jahre 1571 scheint den langen Abstieg einzuleiten. Die Republik verlor Zypern an die Türken und lud eine Staatsschuld von 12 Millionen Dukaten auf sich. Am Vorabend des Dreißigjährigen Krieges galt die Serenissima aber noch immer als die reichste Macht Europas. Ihre Schatzkammern bargen angeblich […] eine Summe, über die kein anderer Herrscher der Christenheit verfügte. Die ungebrochene Rolle Venedigs als Vermittler im europäischen Zahlungsverkehr beruhte auf diesem Reichtum und vermehrte ihn. Es konnte diese Rolle spielen, weil es noch immer den Landhandel über die Alpenpässe beherrschte, ein Handel, der das Schicksal Venedigs mit dem der oberdeutschen Handelszentren Augsburg, Nürnberg, Ulm und Frankfurt am Main verknüpfte. Die deutschen Kaufleute, die in Venedig seit eh und je im Fondaco die Tedeschi, dem deutschen Handelshof am Canale Grande, wohnten und handelten, mussten hohe Zölle zahlen, besaßen aber das Monopol für den Handel über die Alpen auch vor den italienischen Kaufleuten. Sie führten die venezianischen Waren und die Waffen, Stoffe und Früchte des Orients auf die Messen von Frankfurt und Leipzig, von wo sie bevorzugt an die Höfe und Herren in Mittel- und Osteuropa gingen, oder sie ließen sie über Graubünden und Basel den Rhein hinauf nach Nordeuropa bringen. Von nördlich der Alpen brachten die Nürnberger und Augsburger vor allem Barchent, ein Baumwollmischgewebe, das traditionell in Schwaben gewebt wurde, dazu schlesisches Leinen und Eisenwaren aus dem Norden in die Lagunenstadt. Die Handelsbilanz der Deutschen war stets negativ, sie mussten Silber in beträchtlichem Umfang über die Alpen führen. […]
Anfang des neuen [17.] Jahrhunderts machte sich der Aufstieg der Niederländer bemerkbar, die Venedig nicht nur auf den kontinentalen Märkten mit fremden Waren Konkurrenz machten, sondern auch die venezianischen Waren auf dem billigeren Seeweg nach Amsterdam und Nordeuropa brachten.

Helga Schultz, Handwerker, Kaufleute, Bankiers. Wirtschaftsgeschichte Europas 1500–1800, Frankfurt/M. 1997, S. 29 f.

18 Älteste Panoramadarstellung Venedigs
Kolorierter Holzschnitt aus einem Reisebericht des Jahres 1486. In der Mitte ist der Dogenpalast zu sehen.

Arbeitsvorschläge

1. Erarbeiten Sie arbeitsteilig in Gruppenarbeit die Veränderungen der europäischen Wirtschaft. Gehen Sie auf Basis der beiden Karten und der Textquelle sowie eigener Recherchen nach, welche europäischen Regionen von den Veränderungen im 15./16. Jahrhundert profitierten und welche an Bedeutung verloren.
2. Überlegen Sie dabei in einem zweiten Schritt die Gründe für den Aufstieg der einen und den Niedergang einer anderen Region bzw. Stadt.
3. Diskutieren Sie, welche politischen Machtverschiebungen diese Entwicklungen in Europa um 1500 begünstigten.

1

1.2 Beginn erster kapitalistischer Strukturen

Entwicklung frühmoderner Wirtschaftsformen in Norditalien

Vor allem von den oberitalienischen Stadtstaaten, die sich im 12. und 13. Jahrhundert die Freiheit zur Selbstverwaltung erkämpft hatten, gingen in Europa die entscheidenden Impulse zur Entwicklung moderner Wirtschaftsformen aus. Als besonders profitable Umschlagszentren für Luxusgüter und Massenwaren erwiesen sich die verkehrsgünstig gelegenen Hafenstädte wie Genua und Venedig, deren Reichtum auf einem infolge der Kreuzzüge aufstrebenden Fernhandel mit dem Orient beruhte. Diese entwickelten sich zu florierenden Finanz- und Handelszentren, deren Wirtschaftspolitik ganz auf die Bedürfnisse des Mittel- und Überseehandels abgestimmt war.

Florenz und das Textilgewerbe

Anders als Venedig oder Genua, besaß Florenz keinen Mittelmeerhafen und konnte somit nicht vom Überseehandel profitieren. Die ökonomische Grundlage für den raschen wirtschaftlichen Aufstieg von Florenz bildeten die Wollindustrie, das Textilgewerbe sowie die aufstrebenden Handels- und Bankgesellschaften. Während seiner wirtschaftlichen Blütezeit gab es in Florenz rund 200 Wollmanufakturen. Die Rohwolle wurde aus England, Flandern oder Spanien importiert, in Betrieben in der Stadt oder dem städtischen Umland weiterverarbeitet und anschließend nach ganz Europa und in den Mittelmeerraum exportiert.

1 Mit der Buchführung zum Erfolg
Der in Florenz in den 1520er-Jahren erschienene „Libro di Mercatantie" entwickelte sich zum wichtigsten Handbuch der Kaufleute in Italien und Süddeutschland.
Die Illustration zeigt den Kaufmann beim sorgfältigen Rechnen und dem genauen Führen der Bücher.

Entwicklung des modernen Geld- und Bankwesens

Ihr wirtschaftlicher Erfolg veranlasste die führenden Produktionsfirmen zur Gründung großer Handelskontore und Bildung eines weitverzweigten Systems von Niederlassungen in ganz Europa. Da sich der aufstrebende Handel infolge nicht mehr als reiner Warentausch durchführen ließ, entwickelten Florentiner Kaufleute bereits um 1300 die Grundlagen des modernen Geld- und Bankwesens sowie des bargeldlosen Zahlungsverkehrs mit Kredit- und Wechselgeschäften. Die Einführung der doppelten Buchführung machte die Geschäftsvorgänge der Unternehmen transparent und einsichtig (▶ M 4, M 5).

Die Medici

Zu den bedeutendsten Florentiner Handels- und Bankiersfamilien gehörte Anfang des 14. Jahrhunderts die der Medici. Diese betätigte sich zunächst erfolgreich im Woll- und Tuchhandel, um dann später mit einem weitreichenden Handelsnetz in das lukrative Bank- bzw. Geldgeschäft einzusteigen. Neben ihrer Hauptbank in Florenz verfügte sie auch über Filialen in Rom, Venedig, Mailand, Pisa, Genf, Lyon, Avignon, Brügge und London. Ihr wirtschaftlicher Erfolg machte die Medici auch zu den wichtigsten Geldgebern zahlreicher Fürsten und Bischöfe. Als Bankhaus des Papstes verwalteten sie dessen Finanzgeschäfte und die Gelder der Kirche. Durch ihr wirtschaftliches Potenzial und immenses finanzielles Engagement in der Stadt wurden die Medici rasch zur mächtigsten und einflussreichsten Familie in Florenz (▶ M 5). Im Stadtrat übernahmen sie schließlich faktisch die Stadtherrschaft und regierten so von 1434 bis 1743 die Stadt fast ununterbrochen.

Frühkapitalismus in Deutschland

Im 15. Jahrhundert bildete sich auch in den deutschen Städten ein selbstbewusstes kaufmännisches Bürgertum heraus. Dessen gewinnorientierte Gesinnung fand ihren Ausdruck in einer Wirtschaftspraxis, die man als Frühkapitalismus bezeichnet und die ihren Ursprung im Groß- und Fernhandel hatte. Besonders in den süddeutschen Städten stiegen einzelne Kaufleute, die in den Finanz- und Wirtschaftszentren Oberitaliens ausgebildet worden waren, rasch zu bedeutenden Handelsherren auf. Diese gründeten mit ihren erworbenen kaufmännischen Kenntnissen nach italienischem Vorbild bedeutende Handelsgesellschaften mit einem zentralen Hauptkontor und einem Netz von Niederlassungen an europäischen und überseeischen Handelsplätzen. Häufig verbanden sie diese Handelsaktivitäten mit Geld- und Bankgeschäften und investierten das dadurch gewonnene Kapital in den lukrativen Erzbergbau und das aufblühende Verlagssystem.

Herausbildung des Verlagssystems

Im Mittelalter hatte sich der einzelne Handwerker meist noch selbst um den Einkauf der für die Herstellung seiner Produkte notwendigen Rohstoffe und den Verkauf seiner Erzeugnisse kümmern müssen. In Zeiten weltweiter Handelsbeziehungen allerdings trat nun der Fernhandelskaufmann als Verleger auf, der große Warenmengen aus anderen Städten oder Ländern einkaufen oder in diesen zum Verkauf bringen konnte. Der Verleger lieferte dem Handwerker dazu eine bestimmte Menge der erforderlichen Rohstoffe für die Produktion und kaufte ihm das fertige Produkt zu einem zuvor fest ausgehandelten Preis wieder ab. Die ehemals eigenständigen Meister wurden so zu von den Verlegern abhängigen Produzenten, konnten dafür aber mit einem sicheren und steti-

2 Porträt des Franziskanermönchs und Mathematikprofessors Luca Pacioli (1445–1517)
Pacioli verfasste 1494 die umfangreiche Enzyklopädie „Summa de Arithmetica" über das moderne kaufmännische Rechnungswesen. Gemälde von Jacopo de'Barbari (Informationen über Luca Pacioli und de'Barbari im **Online-Link** 430048-0000)

gen Absatz ihrer Waren und somit auch einer verlässlichen Bezahlung rechnen. Profitieren von diesem System taten jedoch vor allem die Verleger, welche mit hohen Gewinnspannen kalkulieren konnten.

Die Fugger
Ein hervorragendes Beispiel für den rapiden wirtschaftlichen Aufstieg einzelner Kaufmannsfamilien sind die Fugger in Augsburg. Den Grundstock für deren Erfolg legte Hans Fugger. Dieser hatte sich 1367 in der freien Reichsstadt Augsburg als einfacher Tuchweber niedergelassen. Augsburg lag am Schnittpunkt wichtiger Handelswege zwischen Italien und dem nördlichen Europa und war besonders für seine Tuchproduktion bekannt. Mitte des 15. Jahrhunderts gehörten die Fugger bereits zu den reichsten Familien in Augsburg. Erst dem ökonomischen Spürsinn und wirtschaftlichen Genies des jüngeren Sohnes von Jakob „dem Älteren", Jakob „dem Reichen" (1459–1525) war es zu verdanken, dass das Familienunternehmen Anfang des 16. Jahrhunderts auf den Gipfel seiner Macht gelangte.
Jakob Fugger erkannte die Möglichkeiten der Kombination von Großhandel, Produktion und Finanzgeschäften und realisierte diese konsequent gewinnbringend. Das Fuggerimperium unterhielt nun Niederlassungen in ganz Europa. Vor allem seine Investitionen in den Erzbergbau bescherten ihm hohe Gewinne, da ihm aufgrund des ihm vom Kaiser zugesprochenen alleinigen Abbaurechts (Monopol) keine Konkurrenz drohte. Dank der daraus erwachsenden Kapitalkraft wurde Jakob Fugger zum Bankier vieler Fürsten, Kaiser und Päpste. In Form von Kreditgeschäften finanzierte er deren enormen Finanzbedarf für repräsentative und militärische Zwecke. Damit machte er nicht nur Zinsgewinne, sondern steigerte auch stetig seinen Einfluss in der Herrschafts- und Wirtschaftspolitik.

Monopolvorwürfe
Vor allem mit seinem großen Reichtum und seinem harten Geschäftsgebaren stieß Jakob Fugger bei den mittelständischen Kaufleuten in Nord- und Mitteldeutschland auf Neid und Missfallen. Diese warfen Jakob Fugger wiederum Monopolmissbrauch vor, weil er seine Monopolstellung zur Bekämpfung der Konkurrenz nutzte, und die Preise dazu – je nach Bedarf – künstlich erhöhte oder senkte. Daher klagten sie ihn und andere Großkauf-

3 Bankgeschäfte mit Schecks und Bargeld
Abbildung aus dem Kaufmannshandbuch Il libro di tucti echostumi des Florentiners Piero Pacini (1440–1513), ca. 1490.

leute zwischen 1512 und 1530 mehrmals auf Reichstagen öffentlich des Monopolmissbrauchs an. Zudem unterstützten sie ein Verbot von Firmen mit mehr als fünfzigtausend Gulden Eigenkapital. 1523 verabschiedete der Reichstag schließlich ein Monopolgesetz gegen zu große Handelsfirmen. Jakob Fugger wurde infolge vor dem Reichskammergericht wegen Vergehens gegen das Monopolverbot angeklagt. Da jedoch Kaiser Karl V. selbst mangels ausreichender Steuereinnahmen von den finanziellen Anleihen der Großkaufleute – unter ihnen auch Jakob Fugger – abhängig war, schlug er die gegen die Großkaufleute gerichteten Verfahren jedes Mal nieder.

Kritik der Kirche

Auch die Kirche verurteilte wiederholt scharf die Geschäftspraktiken der Großkaufleute (▶ M 9). Im Sinne des Evangeliums galten Geldgeschäfte mit Gewinn und Geldverleih gegen Zins als unchristlich und wurden deshalb auch den als „Christusmördern" verfemten jüdischen „Wucherern" überlassen. Auch nach Ansicht des Reformators Martin Luther vertrug sich das auf dem Grundsatz des freien Wettbewerbs basierende ungezügelte Gewinnstreben des Kaufmannsstandes nicht mit der christlichen Moral und dem Armutsideal der Kirche. Dieser prangerte daher wiederholt die monopolistischen Geschäftsmethoden des Kaufmannsstandes – vor allem jedoch den mühelosen Gewinn durch Finanzgeschäfte – als unehrenhaft an, verurteilte jegliches Gewinnstreben und forderte die Rückkehr zu dem „gerechten Preis". Angesichts des kirchlichen Zinsverbotes plagten hinsichtlich seiner Berufspraktiken auch so manchen Großkaufmann religiöse Bedenken. Durch kirchliche Spenden oder mildtätige Stiftungen suchte er diese sündige Schuld zu tilgen bzw. moralischen Skrupel zu beschwichtigen.

Niedergang der großen Handelshäuser

Zum Verhängnis wurden den großen Handelshäusern letztendlich deren rege Geschäftsverbindungen zu den großen Herrschaftshäusern, von denen viele häufig ihre Schulden nicht zurückzahlten bzw. zurückzahlen konnten, was langfristig zum unvermeintlichen Bankrott ihrer Geldgeber führen musste. Zurückzuführen war dies vor allem auf das Fehlen eines geordneten Steuer- und Finanzsystems an den Herrschaftshöfen. Kredite der großen Bankhäuser wurden in Kriegen verpulvert oder für höfischen Standesdünkel und Luxus verprasst. Diese Zustände änderten sich erst, als im Zuge des aufstrebenden Merkantilismus im 17. Jahrhundert eine geordnete staatliche Wirtschafts- und Finanzpolitik entstand. Die nun regelmäßigen und gesicherten Steuereinnahmen machten die Herrschaftshäuser wiederum von Bankanleihen unabhängig, die Handelshäuser als staatliche Banken wurden somit überflüssig.

4 Peter Spufford (2004): Das Internationale Bankwesen im 19. Jahrhundert

Eine [...] Folge der regelmäßigen Handelsaktivitäten und des wachsenden Handelsvolumens war eine Zunahme des gegenseitigen Vertrauens unter internationalen Kaufleuten sowie zwischen ihnen, ihren Lieferanten und den Kunden. Auf dieser Vertrauensbasis konnten Verkäufe auf Kredit erfolgen, wodurch das Geldangebot vorweggenommen und gesteigert wurde, was wiederum die Tätigkeit umfangreicherer Geschäfte erlaubte.

Das bedeutendste Ergebnis dieser Zunahme des gegenseitigen Vertrauens zwischen den Kaufleuten lag in der Verwendung unterschiedlicher Zahlungsmittel, insbesondere des Wechsels. Nun brauchte nicht mehr jeder potenzielle Käufer oder Stammverkäufer große und diebstahlgefährdete Mengen von Edelmetall mit sich zu führen, ganz gleich, ob es sich je nach Handelsregion um Münzen, Silberbarren oder Gold in Unzen in kleinen Säckchen handelte. Stattdessen konnte der sesshafte Geschäftsführer über Wechsel die Überweisungen an seine Faktoren oder Vertreter schicken oder von ihnen erhalten. [...]

Dennoch mussten außerhalb der Reichweite dieser Bankplätze[1] selbst übliche internationale Zahlungen weiterhin primär in Edelmetallen getätigt werden. Wo ein großes und ständiges Handelsungleichgewicht herrschte, wie zwischen den Bergbauzentren Europas und den wirtschaftlich fortschrittlicheren Regionen, hatte das Wechselwesen geringe Entwicklungschancen. [...] Ganz zu Ende des 14. Jhs. begannen auch süddeutsche Kaufleute, gelegentlich Wechsel zu verwenden, aber bis weit ins 15. Jh. befanden sich sogar die wichtigsten Handelsstädte im übrigen Deutschland außerhalb dieses Netzwerks von Wechselmärkten.

Zwischen dem christlichen Europa, dem muslimischen Nordafrika und der Levante war das Wechselsystem kaum entwickelt. Dies war der Fall, obwohl das Handelsvolumen sehr hoch war, die Arbeitsteilung zwischen Handelsherr, Spediteur und Hersteller sich früh herausbildete. Hinderungsgründe waren nicht nur ein chronisches Handelsungleichgewicht, sondern auch die großen Unterschiede in der Bewertung von Gold und Silber in den drei betreffenden Regionen. Da Europa ein Silberproduzent, Afrika dagegen ein Goldproduzent war, wurde Silber in Europa weniger geschätzt als in Afrika und Gold in Afrika weniger als in Europa. Wurde dieses Wertgefälle groß genug, um die Risiken und Kosten einer Überquerung des westlichen Mittelmeeres zu überwinden, dann lohnte es sich gelegentlich, europäisches Silber zum Kauf von afrikanischem Gold nach Afrika zu transportieren. Viel öfter war es vernünftiger, zusammen mit anderen Waren zusätzliches Silber südwärts und Gold nordwärts zu befördern. Die Handelsbilanzen sowohl zwischen dem christlichen Europa und der Levante und zwischen dem muslimischen Nordafrika und der Levante begünstigten ganz entschieden die Levante und wurden folglich durch den Transfer enormer Mengen von europäischem Silber und afrikanischem Gold ausgeglichen. Als Ergebnis des langjährigen und ständigen Ungleichgewichts zwischen dem Maghreb und der Levante wurden alle Zahlungen von einem Gebiet in das andere in Münzgeld getätigt, wenngleich sich in den Kernländern der muslimischen Welt eine Reihe von Bankinstrumentarien bereits entwickelt hatte. [...]

Der Nahe Osten selbst wies allgemein eine ungünstige Handelsbilanz gegenüber dem Mittleren und Fernen Osten auf, sodass viel afrikanisches Gold und europäisches Silber weiter nach Asien vordrang. Eine derartige Gemengelage stand ganz im Gegensatz zu den ausgeglicheneren Handelsbedingungen, in denen der Wechsel entstand.

[1] Vor allem norditalienische Städte wie Genua oder Florenz, aber auch Barcelona in Spanien, London, Brügge oder Antwerpen.

Peter Spufford, Handel, Macht und Reichtum. Kaufleute im Mittelalter, Stuttgart 2004, S. 26 ff. Übers. Erwin Fink/Horst M. Langer.

5 Der Historiker Niall Ferguson über die Medici und die Entstehung des Bankwesens (2009)

a) Aufstieg der Medici

Im frühen 14. Jahrhundert wurde das Finanzwesen in Italien von drei Florentiner Häusern beherrscht: den Bardi, den Peruzzi und den Acciaiuoli. Alle drei gingen in den 1340er-Jahren unter, weil zwei ihrer Hauptschuldner, Edward III. von England und Robert von Anjou, zahlungssäumig wurden. Aber so wie diese Fälle die potenzielle Schwäche der Geldverleiher belegen, so illustriert der Aufstieg der Medici das genaue Gegenteil: ihre potenzielle Macht.

Wohl kaum eine andere Familie hat jemals eine Epoche derart geprägt wie die Medici die Renaissance. Zwei Familienmitglieder wurden Päpste (als Leo X. und Klemens VII.), zwei wurden französische Königinnen (Katharina und Maria), andere trugen den Titel eines Herzogs. [...] Die Medici förderten die ganze Bandbreite der Künste und Wissenschaften und deren Genies von Michelangelo bis Galileo. Und ihre prächtige architektonische Hinterlassenschaft umgibt den Besucher von Florenz heute noch [...].

Aber woher kam all diese Pracht? Woher stammte das Geld, mit dem Meisterwerke wie Botticellis *Geburt der Venus* bezahlt wurden? Die Antwort ist einfach: Die Medici waren Devisenhändler und Mitglieder der *Arte de Cambio*, der Gilde der Geldverleiher. Sie wurden Bankiers (*banchieri*) genannt, weil sie, wie die Juden in Venedig, ihre Geschäfte buchstäblich auf Bänken abwickelten, die hinter auf die Straße gestellten Tischen standen. [...]

Bis in die 1390er-Jahre waren die Medici, wie man mit Fug und Recht sagen kann, eher Gangster als Bankiers gewesen: ein kleiner Clan, der vor allem für Gewalttätigkeit und weniger für Leistungen in der Hochfinanz bekannt war. Zwischen 1343 und 1360 wurden nicht weniger als fünf Medici wegen Kapitalverbrechen zum Tod verurteilt. Dann setzte es sich Giovanni di Bicci de' Medici zum Ziel, die Medici zu einer ehrbaren, angesehenen Familie zu machen. Durch harte Arbeit, nüchterne Lebensführung und sorgfältige Kalkulation erreichte er, was er sich vorgenommen hatte. 1385 wurde er Geschäftsführer der römischen Niederlassung der von seinem Florentiner Verwandten Vieri di Cambio de' Medici geleiteten Bank. In Rom gelangte Giovanni als Devisenhändler zu Ansehen. Der Vatikan war in Anbetracht der vielen verschiedenen Währungen, in denen er Gelder einnahm und ausgab, in vieler Hinsicht ein idealer Kunde. [... *Es gab*] damals eine Vielzahl von Münzsystemen mit Münzen aus Gold, Silber oder unedlen Metallen, sodass Fernhandelsgeschäfte oder Steuerzahlungen von Experten abhingen, die das Geld umrechnen und wechseln konnten. [...]

Von besonderer Bedeutung für die frühen Geschäfte der Medici waren Wechsel (*cambium per literas*), die sich im Mittelalter als Mittel für die Finanzierung von Handelsgeschäften herausgebildet hatten. Schuldete ein Kaufmann einem anderen eine bestimmte Summe, die er erst

6 Börse von Antwerpen, Radierung aus dem 17. Jahrhundert

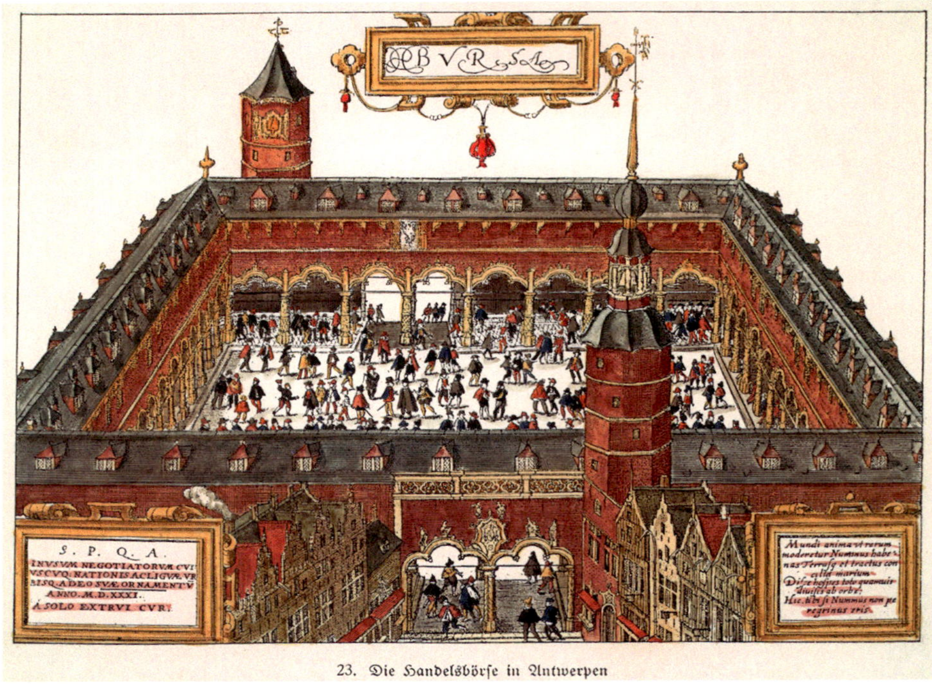

nach Abschluss einer weiteren Transaktion würde zahlen können, konnte der Gläubiger einen Wechsel auf den Schuldner ziehen und diesen entweder seinerseits als Zahlungsmittel einsetzen oder bei einem Bankier mit einem Abschlag gegen Bargeld eintauschen. Während die Erhebung von Zinsen als Wucher verurteilt wurde, stand es jedem geschickten Händler frei, mit solchen Transaktionen einen Gewinn zu erzielen. Darin bestand im Wesentlichen das Geschäft der Medici. Es gab keine Schecks – die Anweisungen wurden mündlich gegeben und in den Büchern der Bank festgehalten. Es gab keine Zinsen – die Einleger erhielten *discrezione* (entsprechend dem Jahresgewinn der Bank), um sie für das Risiko der Geldeinlage zu entschädigen. [...]

Der eigentliche Schlüssel zu ihrem Erfolg war Diversifikation und nicht so sehr schiere Größe. Während ältere italienische Banken monolithisch strukturiert waren und durch Zahlungsverzug eines einzigen Schuldners ins Wanken gebracht werden konnten, bestand die Medici-Bank im Grunde aus einer Vielzahl von Partnerschaften, von denen jede auf einem speziellen, regelmäßig neu ausgehandelten Vertrag beruhte. Niederlassungsleiter waren keine Angestellten, sondern Juniorpartner, deren Arbeit mit einem Gewinnanteil vergütet wurde. Dieser dezentrale Aufbau machte die Medici-Bank so profitabel. Mit einem Kapital von 20000 Florin im Jahr 1402 und nicht mehr als 17 Mitarbeitern erwirtschaftete sie zwischen 1397 und 1420 einen Gewinn von 151820 Florin – 6326 im Jahr, was einer Gewinnmarge von 32 Prozent entspricht. [...]

Niall Ferguson, Der Aufstieg des Geldes. Die Währung der Geschichte. Berlin 2009, S. 40–43, Übers. Klaus-Dieter Schmidt.

b) Export des italienischen Bankensystems

Das italienische Bankensystem wurde zum Vorbild jener Nordeuropäer, die in den folgenden Jahrhunderten die größten kommerziellen Erfolge erzielen sollten, insbesondere der Holländer und Briten, aber auch der Schweden. In Amsterdam, London und Stockholm setzte denn auch die nächste Welle finanzieller Innovationen ein, als dort die Vorläufer der modernen Zentralbanken entstanden. Im 17. Jahrhundert wurden drei völlig neue Institutionen geschaffen, die auf jeweils eigene Weise sowohl eine öffentliche als auch eine private finanzielle Funktion erfüllen sollten.

In Amsterdam wurde 1609 die *Wisselbank* (Wechselbank) gegründet, um die praktischen Schwierigkeiten zu lösen, die sich für die Kaufleute aus dem Umlauf verschiedener Währungen ergaben. Immerhin gab es in den Vereinigten Provinzen[1] nicht weniger als 14 Münzstätten sowie ausländische Geldstücke in Hülle und Fülle. Indem sie es Kaufleuten ermöglichte, Konten in einer einheitlichen Währung einzurichten, wurde die Wisselbank zum Pionier auf dem Gebiet von Girokonten und Abbuchungen beziehungsweise Überweisungen, auf dem wir uns heute wie selbstverständlich bewegen. Damit konnten immer mehr Transaktionen abgewickelt werden, ohne dass sich die gehandelten Geldbeträge in Gestalt von Münzen materialisieren mussten. Kaufleute konnten jetzt Zahlungen einfach dadurch erledigen, dass sie die entsprechenden Beträge von ihren Bankkonten abbuchten und den Konten ihrer Handelspartner gutschreiben ließen. [...]

Fast ein halbes Jahrhundert später, 1656, wurde in Stockholm die schwedische Riksbank gegründet. Sie erfüllte die gleichen Funktionen wie die Wisselbank, war aber auch als *Lanebank* gedacht, das heißt, sie sollte nicht nur den bargeldlosen Zahlungsverkehr ermöglichen, sondern auch Kredite vergeben. [...]

Die dritte große Innovation des 17. Jahrhunderts wurde 1694 in London mit der Gründung der Bank von England eingeführt. Da ihre Hauptaufgabe darin bestand, den Staat bei der Kriegsfinanzierung zu unterstützen (indem sie einen Teil seiner Schulden in Anteile an der Bank umwandelte), erhielt sie erhebliche Privilegien. Ab 1709 durfte sie als einzige Bank auf Aktienbasis operieren, und ab 1742 errichtete sie ein partielles Monopol auf die Ausgabe von Banknoten, einer bestimmten Form von „promissory notes“, Zahlungsversprechen ohne Zinsanspruch, die dazu gedacht waren, Zahlungen zu ermöglichen, ohne dass die Beteiligten über Girokonten verfügen mussten. [...]

Während in den Finanzzentren Nordeuropas die italienischen Bankverfahren verbessert wurden, hinkte ein Land bezeichnenderweise weit hinterher. Mit einem Überfluss an Edelmetall geschlagen, versäumte es das mächtige Spanien, ein komplexes Banksystem zu entwickeln. Stattdessen stützte man sich auf kurzfristige Vorauszahlungen von Antwerpener Kaufleuten für künftige Silberlieferungen. Der Gedanke, dass Geld in Wirklichkeit weniger mit Metallen als mit Kredit zu tun hat, wurde in Madrid nie ganz verstanden. Tatsächlich geriet die spanische Krone zwischen 1557 und 1696 bei der Rückzahlung ihrer Schulden, ob nun eines Teils oder der Gesamtheit, nicht weniger als 14 Mal in Zahlungsverzug. Vor diesem Hintergrund konnte auch alles Silber von Potosí die Kreditwürdigkeit Spaniens nicht stärken. In der modernen Welt fällt die Macht den Bankiers zu, nicht den Bankrotteuren.

[1] Bezeichnung der Vereinigten Niederlande in den Jahren 1581 bis 1795.

Niall Ferguson, Der Aufstieg des Geldes. Die Währung der Geschichte. Berlin 2009, S. 45–49, Übers. Klaus-Dieter Schmidt.

7 „Der Geldverleiher und seine Frau"
Ölgemälde von Quentin Massys (1514) (Informationen über den Maler im **Online-Link** 430048-0000). Die Bank war ursprünglich der Tisch des Geldwechslers, an dem Kaufleute bei einem Markt oder einer Messe fremde Münzen in heimische umtauschen konnten. In den wichtigsten Handelszentren hinterlegten Kaufleute bei diesem zunehmend auch einen Teil ihres Bargeldes – was auf Reisen bei sich zu tragen sehr gefährlich war – gegen Quittung für eine geringe Gebühr. Beim nächsten Aufenthalt am Markt- oder Messeort konnten sie dann wieder über ihr Bargeld verfügen. Zum wichtigsten Zahlungsinstrument wurde der Wechsel. Ein Kaufmann zahlte den durch den Verkauf seiner Waren erzielten Gewinn bei einem Wechsler oder einem anderen Fernhändler ein und erhielt dafür eine Bescheinigung mit einer Auszahlungsgarantie für den eingezahlten Betrag durch einen Dritten (meist eine Bank) andernorts zu einem festgelegten Zeitpunkt.

1

8 Frank Berger (2005): Aufstieg zum Finanzzentrum: Antwerpen und Frankfurt am Main

Um 1550 war die Frankfurter Messe weithin bekannt als ein zentraler Platz überregionalen Handels. Die Entwicklung der Stadt zum Finanzzentrum erfolgte auch wegen der Messen. Mit der Ankunft der glaubensverfolgten Niederländer[1] fasste der Groß- und Fernhandel hier endgültig Fuß. Es entstand eine europäische Großhändlermesse. War der Warentausch für die internationalen Großhändler der eine Grund, die Messe zu besuchen, so entwickelte sich daneben ein neuer Messetypus, die Wechselmesse. Die zweite Messwoche diente der Abwicklung und dem Ausgleich noch offener Geldgeschäfte in Bargeld. Jeder Kaufmann hatte ein Meßscontrobuch, in dem Forderungen und Schulden der Handelspartner verzeichnet waren. Es entstand der Typus des *merchant bankers*, eines Großhändlers in Waren und Wechseln, bei dem Finanzgeschäfte und Warengeschäfte oft gekoppelt waren.

Daneben setzte sich die aus Flandern in der Praxis gut bekannte Zahlung mit Wechseln durch. Wechsel waren ein von Kaufleuten entwickeltes Mittel zur bargeldlosen Überbrückung von Währungsverschiedenheiten und geographischen Distanzen. Sie hatten neben der Zahlungs- auch eine Kreditfunktion, da sie immer über einen bestimmten Zeitraum ohne Einlösung liefern. Die Wechsel selbst und die Währungsunterschiede bei den Geldkursen wurden zu einem eigenständigen Geschäft. Die durchschnittlichen Wechselkosten lagen bei etwa 14 Prozent. Fast das gesamte Frankfurter Wechselgeschäft lag in den Händen der Kaufleute aus Antwerpen. Deren verwandtschaftliche und geschäftliche Beziehungen verknüpften die Wechselgeschäfte zwischen Antwerpen, Frankfurt, Amsterdam, Hamburg und Venedig.

Die Entstehung einer Börse erfolgte im Kontext des Wechselhandels. Die Entwicklung zur Börse nahm ihren Anfang in Brügge: Hier wurden erstmals 1240 Makler erwähnt. 1409 erfolgte die Gründung der Börse in Brügge, und 1460 begann der Börsenhandel in Antwerpen unter Übernahme von Handel und Geschäften aus der Konkurrenzstadt Brügge. 1518 wurde in Antwerpen ein Börsengebäude errichtet, anstelle des Handels mit Waren und Schuldscheinen auf offenem Platz. Dies erlaubte die Kontrolle der Handelsteilnehmer, brachte aber auch Organisationskosten mit sich.

In Frankfurt gab es ebenfalls im 16. Jahrhundert Zusammenkünfte von Kaufleuten zur Erörterung von Geld- und Wechselangelegenheiten. Vom Nürnberger Hof als größter Messherberge sind 1585 bedeutende Messzahlungen überliefert. Regelmäßige Versammlungen der Kaufleute fanden auch im Jahr 1567 Erwähnung. […]

Den Beginn der Börse markiert ein Vorstoß von 82 Kaufleuten zur Herbstmesse am 19. September 1585, die den Rat um Genehmigung der Festsetzung des Wertes von neun Münzsorten baten, die hauptsächlich im Verkehr verbreitet waren. Der festgesetzte Wert unterschied sich vom amtlichen Wert und bezog sich in erster Linie auf Wechselzahlungen. […]

9 „Der Teufel! das Geltt regirt nach sich die Weltt"

Kupferstich von Abraham Aubry mit einer Allegorie auf den Geldteufel, um 1600.

Im Wortlaut richtete sich das Gesuch auch gegen Münzwucherer, die reinen Geldhandel betrieben, besonders diejenigen, die nicht mit Ware handeln, somit hauptsächlich gegen die Mehrheit der Belgier und die Juden. [...] Der Rat autorisierte die Versammlung der Kaufleute zur Überprüfung der Münzkurse zu jeder Messe, dann aber auch zwischen den Messen. [...] Diese Versammlungen wurden 1605 erstmals Börse genannt. Zu dieser Zeit dürfte sich die Börse schon ganz unter dem Einfluss der lutherischen Kaufleute aus Antwerpen befunden haben, die sich weitgehend mit spekulativen Geldgeschäften befassten. Die Versammlung tagte im Freien auf dem Platz vor dem Römer und bei Regen in der Eingangshalle. Juden waren nicht zugelassen.

[1] Von der katholischen Staatsmacht verfolgte niederländische Protestanten.

Frank Berger, Kapitel Money. In: Glaube Macht Kunst Antwerpen-Frankfurt um 1600, hrsg. von Frank Berger. Ausstellungskatalog Historisches Museum Frankfurt/M. 2005, S. 69–73.

Martin Luther schrieb 1524 über den Kaufmannsstand:

Erstlich haben die Kaufleut unter sich eine gemeine Regel, das ist ihr Hauptspruch und Grund aller Finanzen, da sie sagen: Ich mag meine War so teur geben, als ich kann. Das halten sie für ein Recht, da ist dem Geiz [= Gier] der Raum gemacht und der Höllen Tür und Fenster alle aufgetan. Was ist das anders gesagt, denn so viel: Ich frage nichts nach meinem Nächsten. [...] Es kann damit der Kaufhandel nichts anders sein denn Rauben und Stehlen den andern ihr Gut. [...]

Es sollt nicht so heißen: Ich mag meine War so teur geben, als ich kann oder will, sondern also: Ich mag meine War so teur geben, als ich soll oder als recht und billig ist. Denn dein Verkaufen soll nicht ein Werk sein, das frei in deiner Macht und Willen ohn alle Gesetz und Maß stehe, als wärest du ein Gott, der niemand verbunden wäre, sondern weil solch dein Verkaufen ein Werk ist, das du gegen deinen Nächsten übest, soll es mit solchem Gesetz und Gewissen verfasset sein, dass du es übest ohn Schaden und Nachteil deines Nächsten [...]

Darum will ich allhier etliche solcher Tücken und böse Stücke, so ich selbst vermerkt und durch fromme gute Herzen mir sind angezeigt, erzählen. [...]

Aufs erst machen etliche kein Gewissen davon, dass sie ihr War auf Borgen und Zeit teurer verkaufen denn um Bargeld, ja, etliche wollen keine War verkaufen um Bargeld, sondern alles auf Zeit. Und das alles darum, dass sie ja viel Gelds dran gewinnen Hie siehest du, dass dies Stück gar groblich wider Gottes Wort, wider Vernunft und alle Billigkeit, aus lauter freiem Mutwillen des Geizs sündigt an seinem Nächsten, des Schaden er nicht achtet, und raubt und stiehlet ihm das Seine und sucht nicht seine ziemliche Nahrung, sondern seinen Geiz und Gewinn alleine drinnen. [...]

Item also ist auch das getan, dass etliche ihr Gut teurer verkaufen, denn es auf gemeinem Markt gilt und im Kauf gang und gäbe ist und steigern also die War aus keiner Ursach, denn dass sie wissen, dass desselbigen Guts keins mehr im Lande ist oder in Kurz keins mehr kommen wird und man es haben müsse. Das ist ein Schalkauge [= Arglist] des Geizs, das nur aufs Nächsten Notdurft siehet, nicht derselben zu helfen, sondern sich derselben zu bessern [sich mit derselben zu verbessern] und mit seines Nächsten Schaden reich zu werden. Das sind alles öffentliche Diebe, Räuber und Wucherer.

Item, dass etliche eim Gut oder War in einem Lande oder in einer Stadt ganz und gar aufkaufen, auf dass sie alleine solch Gut ganz und gar in ihrer Gewalt haben und darnach setzen, steigern und geben mögen, wie teur sie wollen oder können. Nu ist droben gesagt, dass die Regel falsch und unchristlich ist, dass jemand sein Gut so teur gibt, als er will und kann. Viel greulicher ist das, dass man darauf ein Gut alleine aufkauft, wilchs auch die kaiserlichen und weltlichen Rechte verbieten und heißen's Monopolia. Das sind eigennützige Käufe, die in Landen und Städten gar nicht zu leiden sind, und Fürsten und Herrn sollten solchs wehren und strafen, wenn sie ihr Amt wollten vollführen. Denn solche Kaufleut tun gerade, als wären die Kreaturen und Güter Gottes alleine für sie geschaffen und gegeben und als möchten sie dieselben den andern nehmen und setzen nach ihrem Mutwillen. [...]

Item, wenn etliche ihr Monopolia und eigennützige Käufe sonst nicht vermögen aufzurichten, weil andere da sind, die auch der gleichen War und Gut haben, fahren sie zu und geben ihr Gut so wohlfeil [billig, günstig], dass die andern nicht mögen zukommen und zwingen sie damit dahin, dass sie entweder nicht müssen feilhaben [zum Verkauf anbieten] oder mit ihrem Verderben [zu ihrem Schaden] so wohlfeil geben als jene. Also kommen sie doch zum Monopolion. Diese Leut sind nicht wert, dass sie Menschen heißen und unter Leuten wohnen. [...]

Martin Luther: Von Kaufhandlung und Wucher. Zit. nach: Hutten/Müntzer/Luther, Band 2. Bearb. V. Siegfried Streller, Berlin/Weimar 1982, S. 184 f. (sprachlich leicht dem heutigen Deutsch angepasst)

Arbeitsvorschläge

1. Skizzieren Sie den Aufstieg der Medici als eine der führenden Handels- und Bankiersfamilien im 15. Jahrhundert (VT, M 5).
2. Beschreiben Sie anhand von M 3, M 4 und M 7 die Veränderungen im Finanzwesen im ausgehenden Mittelalter und zu Beginn der Neuzeit.
3. Diskutieren Sie, warum gerade Antwerpen und Frankfurt nördlich der Alpen zu Finanzzentren werden konnten (M 8).
4. Analysieren Sie den Kupferstich M 9. Listen Sie dazu zunächst die allegorischen Elemente des Bildes auf und stellen diese die enthaltenen Beschriftungen gegenüber.

1

1.3 Neue politische Strukturen und Theorien – das Beispiel Florenz

Ein Blick auf die historische Landkarte zeigt, dass sich im Europa der Frühen Neuzeit je nach regionalen Begebenheiten und Temperamenten verschiedene Staatsbildungsprozesse vollzogen, die ebenso verschiedene Ergebnisse hervorbrachten.
In Westeuropa sind – verglichen mit dem Mittelalter – schon erste Züge der gegenwärtigen Staatenwelt zu erkennen. Die Königreiche Spanien, Frankreich und England sahen nach Größe und innerer Geschlossenheit schon so ähnlich aus wie heute. Die Historiker nennen diesen Staat „institutionellen Flächenstaat" und machen damit deutlich, dass seine Herrschaft sich schon auf ein geschlossenes Territorium erstreckte und durch staatliche Einrichtungen und Beamte vollzogen wurde, mit deren Hilfe er in gewissem Umfang Recht sprechen, Steuern erheben und auch Gehorsam erzwingen konnte. Er unterscheidet sich somit vom Personenverbandsstaat des Mittelalters, der auf den durch das Lehnsystem begründeten Bindungen zwischen einem Herrn und seinen Vasallen beruhte.

Anderswo hatte die europäische Staatenwelt um diese Zeit keine Ähnlichkeit mit dem gegenwärtigen Zustand. Osteuropa wird mit dem Königreich Polen und dem Großfürstentum Moskau von Mächten geprägt, die es heute in dieser Gestalt nicht mehr gibt.
Im Südosten begegnet uns mit dem Osmanischen Reich eine Macht, die Europa in der frühen Neuzeit stark beeinflusste. 1453 übernahmen die Osmanen mit der Eroberung Konstantinopels das ehemalige Byzantinische Reich. In der Folgezeit führte diese islamische Macht erfolgreiche Kriegszüge, die sie bis vor die Tore Wiens (1529) führten. Die Abwehr dieser „türkischen Gefahr" war daher ein Unternehmen, das viele Kräfte der europäischen Herrscher bündelte.

Im Süden, auf der Apenninen-Halbinsel, findet sich nirgends der uns heute gewohnte Name Italien; wir sehen hier eine verwirrende Ansammlung von Herzogtümern, Republiken und Königreichen, die zum Teil unter der Herrschaft auswärtiger europäischer Mächte standen.
Doch bereits im 14. Jahrhundert zeigen sich fundamentale Veränderungen im Gefüge dieser italienischen Staatenwelt (▶ M3). Kaiser und Papst haben an Macht verloren. Die traditionelle Oberhoheit des Heiligen Römischen Reiches Deutscher Nation über Nord- und Mittelitalien besteht fast nur noch auf dem Pergament. Genua, Mailand, Pisa, Venedig und Florenz wurden im 12. und 13. Jahrhundert zu Zentren der europäischen Wirtschaft und erkämpften sich ihre kommunale Freiheit. Hier vermittelten Großkaufleute, Bankiers und Tuchhersteller den Waren- und Geldhandel zwischen Europa und dem Orient, beeinflussten die Politik ihrer Städte und wollten diese gesellschaftliche Stellung auch nach außen zeigen. Es bildeten sich neue Regierungsformen heraus, die durch die starke Bündelung von Kompetenzen in der Hand eines einzelnen Herrschers, des signore, charakterisiert sind.
Ein genauerer Blick auf Florenz zeigt exemplarisch, wie sich diese Staatswesen entwickelten. In der Stadt herrschte faktisch eine Oligarchie der wichtigsten patrizischen Familien. An der Spitze der Stadtrepublik stand die mit Exekutivgewalt ausgestattete „Signoria". Charakteristisch für die Politik in der Stadtrepublik Flo-

1 Norditalienische Staaten und der Schweizer Bund der Eidgenossen um 1500

renz war der Widerspruch zwischen den Idealen der Verfassungsordnung und der tatsächlichen Machtausübung. Nur männliche Angehörige der Zünfte durften für die Ämter ausgelost werden; das waren um 1400 nur rund 4 000 Männer. Das Wahlverfahren für die wichtigsten Ämter stellte sicher, dass – trotz der relativ vielen Wahlberechtigten aus den Reihen der Zünfte – nur die wenigen mächtigen Familien der Wollhändler, Bankiers und Großkaufleute die politische Herrschaft ausübten. Sieben der neun Mitglieder der Signoria, des obersten Rates, mussten aus den „höheren" Zünften kommen, zu denen die Bankiers, Großkaufleute und Wollproduzenten gehörten. Letztere hatten auch in anderen wichtigen Regierungsgremien die Mehrheit. Bei Wahlen enthielten die Ledersäcke mit den Losen nie die Namen aller amtsberechtigten Bürger. Tatsächlich hatten um die Mitte des 15. Jahrhunderts etwa nur 350 Familien Zugang zu höheren Ämtern (▶ M5). Die tatsächliche Macht lag in den Händen von nur wenigen Familien. Diese schlossen sich zu verschiedenen Gruppierungen und Parteiungen zusammen, die sich zeitweise heftig befehdeten.
Um 1400 bestimmte der Kampf zwischen den „Optimaten", den Interessenvertretern der patrizischen Oberschicht, und den „Popolani", den Vertretern des Volkes, die Innenpolitik. Gestützt auf die Popolani gelang schließlich der Familie der Medici der politische Durchbruch.
Sie profitierten davon, dass die Florentiner Gesellschaft sozial und ökonomisch mobil war; d.h. Mitglieder der Stadtoligarchie durchaus ins soziale Abseits geraten

2 Der Zug der heiligen drei Könige, Freskengemälde (1459/60) von Benozzo Gozzoli (1420–1497) in der Kapelle des Palazzo Medici Riccardi
Der Maler verewigte in diesem Gemälde mehrere Familienmitglieder der Medici. Besonders hervorgehoben erscheint der junge Lorenzo de Medici als einer der drei Könige, etwas abgerückt von den anderen beiden rechts im Bild.
Der Maler porträtierte darüber hinaus weitere wichtige Familienmitglieder der Medici in Begleitung von Angehörigen verschiedener italienischer Herrscherfamilien. Geschickt hat sich auch Gozzoli selbst verewigt. (Weiterführende Informationen im **Online-Link** 430048-0000).

konnten. Anderen Familien dagegen gelang es, durch Energie und unternehmerisches Geschick zur Spitze vorzustoßen und die alten Cliquen zu verdrängen.

Anfang des 14. Jahrhunderts hatte der Geldverleiher Giovanni Bicci di Medici (1360–1429) vor allem durch Geldgeschäfte mit dem Vatikan ein großes Vermögen angehäuft. Sein Sohn Cosimo (1389–1464) baute nicht nur die väterliche Bank aus, sondern übernahm ab 1434 auch die politische Führung in seiner Heimatstadt. Ohne jemals ein Amt zu bekleiden, lenkte er auf der Basis eines engen Beziehungsnetzes die Institutionen der Republik. So kontrollierte und beeinflusste er die Besetzung der öffentlichen Ämter durch die Gewährung von „Gefälligkeiten" an seine Gefolgsleute. Auch sicherten finanzielle Abhängigkeiten, politisch bestimmte Kreditvergaben und die Manipulation von Steuer- und Finanzgesetzen zuungunsten politischer Gegner seinen Einfluss. Dieser Aufstieg gelang ihm, weil er sich auf seine Popularität bei den einfachen Leuten stützen konnte. Er versprach nämlich mehr Steuergerechtigkeit zugunsten der Armen und zulasten der Reichen.

Cosimos Enkel Lorenzo, genannt „der Prächtige" (1449–1492), führte die Medici-Herrschaft ab 1469 auf ihren Gipfel, indem er das Regiment in der Stadt ähnlich geschickt wie sein Großvater ausübte. So sorgte er z. B. dafür, dass nur Namen seiner Anhänger in die Ledersäcke kamen, aus denen die Lose für die Ämterbesetzung gezogen wurden. Auch ließ er neue Gremien einrichten, in denen nur seine Anhänger saßen. Nach einer Verfassungsänderung bestimmte ein von ihm kontrollierter „Rat der Siebzig" die Politik (▶ M 6). Darüber hinaus machten ihn seine Förderung der Künste und seine Kontakte mit Humanisten weit über die Stadtgrenzen bekannt und berühmt. Außerdem erwies er sich als gewiefter Diplomat in den zahlreichen Konflikten auf der italienischen Halbinsel.

Mit ausländischer Hilfe vertrieben die „Popolani" die Medici 1494 aus der Stadt, die aber schon 1512 mithilfe päpstlicher und spanischer Truppen wieder nach Florenz zurückkehrten. 1531 schaffte Cosimo I. (1519–1574) die republikanische Verfassung ab, ließ sich zum Herzog von Florenz ausrufen und 1569 vom Papst die Würde des Großherzogs der Toskana übertragen (▶ M 9). Diese Funktion behielt die Familie bis zu ihrem Ende im Jahre 1737.

3 Wie soll sich ein Fürst verhalten?

a) Niccoló Machiavelli wurde 1469 in Florenz geboren und war dort nach dem Jurastudium im diplomatischen Dienst tätig. Nach der Rückkehr der Medici (1494 aus Florenz vertrieben) 1512 war seine Karriere als „Staatsdiener" beendet. In erzwungener politischer Untätigkeit schrieb er unter anderem sein Hauptwerk „Il Principe" (Der Fürst), das er 1514 publizierte. Hier untersucht er die Bedingungen erfolgreicher Politik:

Einen Fürsten darf es daher nicht kümmern, der Grausamkeit bezichtigt zu werden, wenn er dadurch bei seinen Untertanen Einigkeit und Ergebenheit aufrechterhält; er erweist sich als milder, wenn er nur ganz wenige Exempel statuiert, als diejenigen, die aus zu großer Milde Missstände einreißen lassen, woraus Mord und Raub entstehen; denn hierdurch wird gewöhnlich einem ganzen Gemeinwesen Gewalt angetan, während die Exekutionen auf Befehl des Fürsten nur gegen Einzelne Gewalt üben. [...]

Daraus ergibt sich die Streitfrage, ob es besser ist, geliebt als gefürchtet zu werden oder umgekehrt. Die Antwort ist, dass man das eine wie das andere sein sollte; da es aber schwerfällt, beides zu vereinigen, ist es viel sicherer, gefürchtet als geliebt zu werden, [...]. Denn man kann von den Menschen im Allgemeinen sagen, dass sie undankbar, wankelmütig, unaufrichtig, heuchlerisch, furchtsam und habgierig sind; und solange du ihnen Gutes erweist, sind sie dir völlig ergeben: Sie bieten dir ihr Blut, ihre Habe, ihr Leben und ihre Kinder, wenn [...] die Not fern ist; kommt diese dir aber näher, so begehren sie auf. Ein Fürst, der sich völlig auf ihre Versprechungen verlassen hat, ohne andere Vorbereitungen zu treffen, ist dann verloren; denn Freundschaften, die man durch Geld und nicht durch Großmut und Seelenadel erwirbt, hat man zwar bezahlt, aber man besitzt sie nicht und kann sie in Zeiten der Not nicht in Anspruch nehmen. Auch scheuen sich die Menschen weniger, einen zu verletzen, der sich beliebt macht, als einen, den sie fürchten; denn die Liebe wird durch das Band der Dankbarkeit aufrechterhalten, das, weil die Menschen schlecht sind, von ihnen bei jeder Gelegenheit des eigenen Vorteils wegen zerrissen wird; die Furcht aber wird durch die Angst vor Strafe aufrechterhalten, welche dich niemals verlässt.

Gleichwohl darf ein Fürst nur so viel Furcht verbreiten, dass er, wenn er dadurch schon keine Liebe gewinnt, doch keinen Hass auf sich zieht; denn er kann sehr wohl gefürchtet werden, ohne verhasst zu sein; dies wird ihm stets gelingen, wenn er das Eigentum seiner Bürger und Untertanen sowie ihre Frauen respektiert. Und wäre er auch gezwungen, einen hinrichten zu lassen, so tue er dies, wenn dafür eine entsprechende Rechtfertigung und ein offensichtlicher Grund bestehen; vor allem aber muss er das Eigentum anderer achten; denn die Menschen vergessen schneller den Tod ihres Vaters als den Verlust ihres Erbes. [...]

Wie löblich es für einen Fürsten ist, sein Wort zu halten und aufrichtig statt hinterlistig zu sein, versteht ein jeder; gleichwohl zeigt die Erfahrung unserer Tage, dass diejenigen Fürsten Großes vollbracht haben, die auf ihr gegebenes Wort wenig Wert gelegt und sich darauf verstanden haben, mit List die Menschen zu hintergehen; und schließlich haben sie sich gegen diejenigen durchgesetzt, welche auf die Redlichkeit gebaut hatten. [...]

Ein kluger Herrscher kann und darf daher sein Wort nicht halten, wenn ihm dies zum Nachteil gereicht und wenn die Gründe fortgefallen sind, die ihn veranlasst hatten, sein Versprechen zu geben. Wären alle Menschen gut, dann wäre diese Regel schlecht; da sie aber schlecht sind und ihr Wort dir gegenüber nicht halten würden, brauchst auch du dein Wort ihnen gegenüber nicht zu halten. [...] Auch hat es noch nie einem Fürsten an rechtmäßigen Gründen gefehlt, um seinen Wortbruch zu verschleiern. Für einen Fürsten ist es also nicht erforderlich, alle [...] guten Eigenschaften wirklich zu besitzen, wohl aber den Anschein zu erwecken, sie zu besitzen. Ich wage gar zu behaupten, dass sie schädlich sind, wenn man sie besitzt und ihnen stets treu bleibt; dass sie aber nützlich sind, wenn man sie nur zu besitzen scheint; so musst du milde, treu, menschlich, aufrichtig sowie fromm scheinen und es auch sein; aber du musst geistig darauf vorbereitet sein, dies alles, sobald man es nicht mehr sein darf, in sein Gegenteil verkehren zu können. Man muss nämlich einsehen, dass ein Fürst, zumal ein neu zur Macht gekommener, nicht all das befolgen kann, dessentwegen die Menschen für gut gehalten werden, da er oft gezwungen ist – um seine Herrschaft zu behaupten –, gegen die Treue, die Barmherzigkeit, die Menschlichkeit und die Religion zu verstoßen. Daher muss er eine Gesinnung haben, aufgrund derer er bereit ist, sich nach dem Wind des Glücks und dem Wechsel der Umstände zu drehen und [...] vom Guten so lange nicht abzulassen, wie es möglich ist, aber sich zum Bösen zu wenden, sobald es nötig ist.

Ein Fürst muss also sehr darauf achten, dass nie ein Wort über seine Lippen kommt, das nicht von den vorgenannten fünf Eigenschaften geprägt ist, und dass er, wenn man ihn sieht und hört, ganz von Milde, Treue, Aufrichtigkeit, Menschlichkeit und Frömmigkeit erfüllt scheint. Und es gibt keine Eigenschaft, deren Besitz vorzutäuschen notwendiger ist als die letztgenannte.

Zit. nach: Niccoló Machiavelli, Il Principe/Der Fürst, hg. von Philipp Rippei, Stuttgart 1986, S. 129, 131, 135, 137, 139.

b) Zum gleichen Thema äußert sich der humanistische Gelehrte Erasmus von Rotterdam (**Online-Link** 430048-0000) *in seiner Schrift „Erziehung des christlichen Fürsten", die er dem 1515 volljährig gewordenen künftigen deutschen Kaiser Karl V. widmete. Nach seinem Theologiestudium in Paris und verschiedenen Reisen durch Europa warb Erasmus für eine Erneuerung des Christentums auf der Grundlage der Bergpredigt. Im gleichen Sinne wollte er auch Politik und Gesellschaft reformieren:*

Eines nur muss der Fürst beim Regieren bedenken, eines das Volk bei der Wahl des Herrschers, nämlich das Wohl der Allgemeinheit, nachdem alle persönlichen Gefühle ausgeschaltet wurden. Und je weniger es rechtlich möglich ist, den Gewählten auszutauschen, umso sorgfältiger ist die Wahl zu treffen, damit uns nicht die Unbesonnenheit einer einzigen Stunde lange anhaltende Qualen bereite.

Wo das Fürstentum erblich ist, wird der Herrscher nicht gewählt. [...] Da hängt die Hoffnung auf einen guten Herrscher vor allem von der richtigen Erziehung ab, die umso sorgfältiger durchgeführt werden muss, damit das, was durch das Fehlen des Wahlrechtes eingebüßt wurde, durch umsichtige Erziehung ausgeglichen wird. [...]

Was ist törichter, als einen Fürsten danach zu beurteilen, ob er gut tanze, geschickt im Würfelspiel, trinkfest und von Hochmut erfüllt sei, ob er es verstehe, das Volk auf königliche Weise auszuplündern, ob er noch anderes tue, was ich mich schäme anzuführen, obwohl sich einige nicht schämen, es zu tun? Je mehr die Masse der Herrscher danach strebt, sich von der Lebensweise und dem Verhalten des Volkes zu unterscheiden, umso mehr muss der wahre Fürst sich fernhalten von den hässlichen Auffassungen des Volkes und von seinen Interessen. Er halte es vielmehr für gemein, verächtlich und seiner unwürdig, wie der Pöbel gesinnt zu sein, dem noch nie die höchsten Werte gefallen haben. [...]

Wenn du dich als hervorragender Herrscher erweisen willst, sorge, dass dich keiner an eigenen guten Taten, an Klugheit, Seelengröße, Maßhalten und Anständigkeit übertreffe. Wenn du es für gut hältst, dich mit anderen Herrschern zu messen, glaube nicht, dass du dann überlegen bist, wenn du ihnen einen Teil ihres Machtgebietes entreißt oder ihre Truppen in die Flucht schlägst, sondern dann, wenn du unbestechlicher, weniger geldgierig, weniger anmaßend, weniger jähzornig und wenn du besonnener bist als sie. [...] Viel eher sollst du durch dein sittliches Verhalten Denkmäler der Tugend errichten. [...] Sooft es dir in den Sinn kommt, dass du Herrscher bist, soll dir auch einfallen, dass du ein christlicher Herrscher bist, und du sollst erfassen, dass du dich auch von den edlen Fürsten der Heiden so viel unterscheiden musst, wie sich der Christ vom Heiden unterscheidet. [...]

Auch du musst dein Kreuz tragen oder Christus wird dich nicht kennen. Du wirst fragen, welches ist aber nun mein Kreuz? Ich möchte sagen, wenn du dem Rechten folgst, wenn du niemanden gewalttätig behandelst, niemanden ausplünderst, kein Amt verkaufst, durch kein Geschenk bestochen wirst; allerdings wird dann deine Kasse weniger enthalten. Setze dich über den Verlust deines Vermögens hinweg, wenn du nur einen Gewinn an Gerechtigkeit hast. Solange du außerdem mit allen Mitteln für den Staat sorgst, wirst du ein Leben voll Sorge führen, wirst du deiner Jugend, deiner Natur und den Unterhaltungen Abbruch tun, wirst du dich in Nachtwachen und anstrengenden Beschäftigungen abhärmen. Mache dir nichts daraus, sondern suche Vergnügen im Bewusstsein des Rechten. Ebenso wirst du vielleicht, wenn du lieber Unrecht ertragen statt zum großen Schaden des Staates Rache nehmen willst, etwas von deinem Herrschaftsgebiet einbüßen. Mögest du es ertragen, indem du es für einen unermesslichen Gewinn ansiehst, dass du einer geringeren Anzahl von Menschen Schaden zugefügt hast. [...] Kannst du endlich die Herrschaft nur durch Verletzung der Gerechtigkeit, durch Blutvergießen und durch unermesslichen Schaden für die Religion schützen, dann lege sie eher nieder und weiche den Zeitumständen. Kannst du aber das Hab und Gut deiner Untertanen nur unter Gefahr deines Lebens schützen, dann ziehe den Schutz der Allgemeinheit deinem Leben vor. Aber solange du so handelst, wie es die Pflicht des echten christlichen Herrschers ist, werden vielleicht einige dich dumm nennen und sagen, du seiest zu wenig Herrscher. Stärke dein Herz, dass du lieber ein gerechter Mann als ein ungerechter Fürst sein willst. [...]

Wenn du die Städte deiner Untertanen besuchst, sollst du nicht denken: Ich bin Herr über ein so großes Gebiet, das alles ist meiner Willkür unterworfen, da ist mir gestattet, was mir beliebt. Wenn du aber denken willst, was eines guten Herrschers würdig ist, dann sollst du denken: Das ist das mir anvertraute Darlehen und ich muss wachsam sein, dass ich es besser zurückgebe, als ich es erhalten habe. Wenn du die unermessliche Zahl deiner Untertanen erblickst, hüte dich zu denken: So viele Sklaven habe ich, sondern: So viele Tausende von Menschen hängen von meiner Sorge ab, mir allein haben sie sich und ihre Habe zum Schutze anvertraut, auf mich blicken sie wie auf einen Vater [...]. Zwischen Herrscher und Volk besteht das Verhältnis gegenseitigen Austausches. Dir schuldet das Volk Steuer, Gehorsam und Achtung. Du deinerseits aber schuldest dem Volk einen guten und wachsamen Herrscher.

Zit. nach: Werner Welzig (Hg.), Ausgewählte Schriften, Bd. 5, Darmstadt 1968, S. 113–203.

4 Albrecht Dürer: Erasmus von Rotterdam, Kupferstich 1526

Lateinischer Text: „Abbild des Erasmus von Rotterdam von Albrecht Dürer nach dem lebenden Vorbild gezeichnet."

Griechischer Text: „Das bessere Bild werden dir seine Schriften zeigen."

5 Die Staatsordnung von Florenz

Der berühmte Humanist Leonardo Bruni (1370–1444) war von 1427 bis zu seinem Tode Staatskanzler von Florenz (**Online-Link** 430048-0000). *Er erläutert (vermutlich griechischen Geistlichen, die 1438 in Florenz weilten) die Eigenarten der Verfassung der Stadt:*

Die Verfassung von Florenz ist weder ganz aristokratisch noch demokratisch, sondern eine aus beiden gemischte. Dies ist offenbar, denn einige ausgezeichnete Geschlechter können wegen des Hervorragens sowohl durch Anzahl als durch Macht die Regierungsstellen in unserem Staate nicht bekleiden, welches der Aristokratie entgegen ist. Wiederum aber nimmt der Staat die Krämer und die Hefe des Volkes nicht als Vollbürger auf, welches der Demokratie entgegen ist. So, Extreme vermeidend, neigt sich unser Staat zu dem Mittelstande, vorzüglich aber zu den Adeligen und Reichen, doch nicht übermäßig Mächtigen. Eine Volksversammlung findet sehr selten statt in diesem Staate, [...], wenn nicht eine zufällige große Veränderung das ganze Staatsgebäude in Verwirrung bringt; dann wird das ganze Volk zusammengerufen und ist die oberste Behörde; – aber, wie gesagt, es geschieht selten.

Die allerhöchste Regierung im Staate haben die neun Magistratsherren, die wir Prioren oder Signoria heißen. Zwei nur von diesen sind Bürgerliche, aus den Zünften, alle übrigen aber aus dem Adel und den Reichen. [...] Zwei große Ratsversammlungen sind in unserem Staate, die eine aus dem Volke von dreihundert, die andere aus den Adeligen von zweihundert Mitgliedern. Über die Geschäfte, die im

Rate vorkommen, wird zuerst genau durch die neun und ihre Beisitzer debattiert und das von ihnen Beschlossene dem Rate aus dem Volk überbracht; geht es auch hier durch, wird es dem zweiten Rat, dem des Adels, übergeben. Geht es auch hier nochmals durch, so ist es beschlossen, und wir pflegen zu sagen, dass das auf solche Weise angenommene Gesetzeskraft habe. So wird über Krieg und Frieden, über Schließung und Trennung von Allianzen, über Untersuchung der rechtsmäßigen Verwaltung öffentlicher Behörden, über Abgaben-Freiheit und öffentliche Leistungen, kurz über alle Geschäfte verhandelt.

Immer nach Verlauf von fünf Jahren finden neue Magistratswahlen, auf folgende Weise, statt. Die neun samt ihren Beisitzern und einige andere mit ihnen im Rathause versammelt mustern die ganze Bürgerschaft. Sie stimmen dann über jeden besonders ab, und wer zwei Drittteile der Stimmen erlangt, ist gewählt, nicht aber um das Amt alsbald anzutreten, sondern als würdig Befundener es anzutreten, wenn ihn das Los trifft. […]

Der Hindernisse gibt es aber viele, erstens das Alter, zweitens die Verwandtschaft, drittens die Zeit, viertens Abgaben-Freiheit. Durch das Alter werden die Jüngeren verhindert, denn es kann keiner unter den neun und ihren Beisitzern sein, der jünger ist als dreißig Jahre […]. Unter fünfundzwanzig kann auch niemand in die großen Rats-Versammlungen kommen. Die Verwandtschaft hindert auch häufig, das Amt anzutreten. Wenn nämlich mein Bruder, Vater, Sohn oder Verwandter im Amte ist, kann ich keine Staatswürde bekleiden […]. Durch die Zeit werden verhindert diejenigen, die früher Magistratsherren waren; denn es ist nicht erlaubt, innerhalb dreier Jahre dasselbe Amt anzutreten […]. Ein anderes Hindernis ist noch, wenn jemand die angeordnete Steuer nicht abgetragen hat oder auf eine andere Weise Schuldner des Gemeinwesens ist. – Diese Magistratspersonen, so erwählt, besorgen die Staatsgeschäfte.

Für die Privatverhältnisse sind Gerichtshöfe, andere Ordnungen und andere Beamte, keine Bürger, sondern Fremde, denn dazu werden bekannte, durch ihr Geschlecht ausgezeichnete Männer aus einigen andern Städten gewählt, die vom Gemeinwesen einen Lohn empfangen, damit sie kommen und richten in unserer Stadt. Sie sprechen Recht, strafen die schuldigen und schlechten Menschen nach den bestehenden Gesetzen. […] Die Zeit der Amtsführung dieser ist sechs Monate. Wenn das Ende der Amtszeit gekommen ist, werden sie geprüft und müssen über das im Amte Vorgefallene Rechenschaft ablegen. […]

Da die Staatsverfassung, wie wir sagten, gemischter Form ist, so kann man mit Grund sagen, dass einiges mehr zur Demokratie, einiges zur Aristokratie sich hinneige. Zum demokratischen Elemente gehört die kurze Dauer der Ämter. […] Auch dies ist volkstümlich, dass wir durch Wort und Tat im hohen Grade die Freiheit ehren und bewachen als Endzweck und Ziel der ganzen Staatsverfassung. Dann auch durchs Los die Beamten zu erwählen und nicht wegen irgendeines Vorzugs, ist volkstümlich. Wiederum aber neigt sich vieles der Aristokratie. Dass zuerst über alles eine Vorberatung stattfinde, und dass nichts zum Volke komme, worüber nicht erst abgestimmt, und dass es dem Volke nicht erlaubt sei, daran etwas zu ändern, sondern dass es im Ganzen die Sache entweder billigen oder verwerfen müsse […].

Zit. nach: Carl Friedrich Neumann (Hg.), Ueber die Staatsverfassung der Florentiner von Leonhardus Arentinus, Frankfurt/M. 1822, S. 69–91.

6 Die Herrschaft der Medici in Florenz

Der florentinische Staatsmann und Geschichtsschreiber Francesco Guicciardini (1483–1540) schrieb im Alter von 26 Jahren das Werk „Florentinische Geschichte". Darin betrachtet er die Verhältnisse in Florenz aus der Sicht des vornehmen Bürgers. (Näheres zur Person von Guicciardini im **Online-Link** 430048-0000):

Lorenzo de'Medici war 43 Jahre alt, als er starb, und hatte 23 Jahre an der Spitze der Regierung gestanden […] Und weil die Größe dieses Mannes einzigartig war und Florenz niemals einen Bürger gehabt hat, der ihm gleich gewesen wäre, auch sein Ruhm nach seinem Tode wie Zeit seines Lebens weit verbreitet war, scheint es mir nicht unangebracht, seine Art und seinen Charakter näher zu kennzeichnen. […]

Lorenzo hatte viele vorzügliche Eigenschaften, daneben auch einige Fehler, die aber teils natürlich, teils unvermeidlich waren. Er genoss so großes Ansehen, dass man wohl sagen kann, dass die Stadt zu seiner Zeit zwar nicht frei, aber überreich an allem Ruhm und Glück war, die eine Stadt überhaupt haben kann. Dem Namen nach war sie frei, in Wirklichkeit aber stand sie unter der Alleinherrschaft eines ihrer Bürger. Seine Taten waren, obwohl teilweise tadelnswert, doch ruhmvoll und so großartig, dass sie Bewunderung erregen, aber mehr beim Betrachten, als wenn man nur von ihnen hört. Denn es fehlt dabei der Klang der Waffen, es fehlen die Kriegskunst und die militärische Zucht, die den Ruhm der Alten ausmachten. Das lag nicht an seinem persönlichen Unvermögen, sondern an der verschiedenen Art und Gewohnheit der Zeiten. […] Keiner von seinen Gegnern, auch von denen, die ihn herabzusetzen pflegten, hat je geleugnet, dass in ihm ein überragender und einzigartiger Geist wohnte. Jeder hat bezeugen müssen, dass in den dreiundzwanzig Jahren seiner Herrschaft über die Stadt ihre Macht und ihr Ruhm ständig zugenommen haben, sodass nur ein Tor dies bestreiten könne, und das in einer Stadt, wo größte Redefreiheit herrscht und wo es von kritischen und unruhigen Geistern nur so wimmelt. […] Für ihn zeugen die Freundschaft und das große Vertrauen, die er bei vielen Fürsten Italiens und außerhalb genoss: Mit Papst Innozenz, König Ferdinand, Herzog Galeazzo, König Ludwig [von Frankreich], schließlich mit dem Sultan […]. Für ihn zeugen seine öffentlichen und privaten Reden, alle voll Scharfsinn und Witz, mit denen er vielerorts und häufig größte Erfolge erzielte. Für ihn zeugen auch seine Briefe, die überaus geistvoll sind, und alles das erscheint umso glänzender, als es einer vorzüglichen Beredsamkeit und einem höchst eleganten Stil verbunden war. […]

Er verlangte nach Ruhm und Ansehen mehr als irgendein anderer. Man könnte ihn tadeln, dass er sich von diesem Wunsch selbst in den kleinsten Dingen in übertriebener Weise beherrschen ließ. Er duldete nicht, dass irgendein Mitbürger ihn in Versen, Lustspielen oder Aufsätzen parodierte oder imitierte und war sehr aufgebracht, wenn dagegen verstoßen wurde. Ebenso aber auch in großen Dingen; wollte er doch in jeder Hinsicht mit allen Fürsten Italiens wetteifern und ihnen gleichstehen […] Trotzdem war diese Ruhmsucht, aufs Ganze gesehen, lobenswert, bestand doch eine der Ursachen, warum sein Name und sein Ruhm allerorten, auch außerhalb Italiens, gefeiert wurden, in seinem Bestreben, Florenz an Künsten und Fähigkeiten über jede andere Stadt Italiens zu erheben. So vor allem auf dem Gebiet der Wissenschaft; er errichtete in Pisa wieder eine Hochschule der Rechtswissenschaft und der freien Künste, und als man ihm mit vielen Gründen

darlegte, dass sie an Zahl der Studenten mit Padua und Pavia nicht wetteifern könne, gab es zur Antwort, es genüge ihm, wenn der Lehrkörper besser sei als an den anderen Hochschulen. Deshalb holte er die ausgezeichnetsten und berühmtesten Männer Italiens dorthin, zahlte ihnen die höchsten Gehälter und scheute keine Kosten und keine Mühe, sie zu gewinnen. [...] Dieselbe Gunst erwies er der Dichtkunst, Musik, Architektur, Malerei, Bildhauerei, allen reinen und angewandten Künsten, sodass die Stadt überreich war an geistiger Kunst. [...]
Was seinen Charakter mehr als alles andere belastete, war sein Misstrauen. Das entsprang wohl weniger seiner Natur als dem Bewusstsein, eine freie Stadt zu beherrschen, in der die Geschäfte von den Regierenden gemäß den Gesetzen des Staates und unter dem Schein und in den Formen der Freiheit geführt werden mussten. Deshalb bemühte er sich anfangs, als er gerade erst Fuß zu fassen begann, so viel wie möglich solche Bürger heranzuziehen, von denen er wusste, dass sie wegen ihrer vornehmen Abkunft, ihres Reichtums, ihrer Macht und ihres Rufes allgemein geachtet seien. Diesen wurden, wenn sie aus solchen Häusern und Familien stammten, die dem herrschenden System zuverlässig ergeben waren, die Gesandtschaften, Sonderaufträge und ähnliche Ehrenämter übertragen; gleichwohl traute er ihnen nicht, sondern ergänzte die Signoria mithilfe von Wahlen und Ämterkauf. Die geheimsten Sachen vertraute er nur solchen an, die ihm ihr Ansehen verdankten, damit sie ohne seine Unterstützung auf keinen Anhang zählen konnten. [...]

7 **Lorenzo de Medici (1449–1492)**, Gemälde von Girolamo Macchietti, 16. Jh.

Das gleiche Misstrauen bewog ihn, dafür zu sorgen, dass nicht etwa die einflussreichen Männer sich untereinander verschwägerten. Er suchte solche Ehen anzubahnen, die ihm unverdächtig waren, und zwang gelegentlich, um Verbindungen zu hintertreiben, vornehme junge Männer, eine Frau zu heiraten, die sie sonst nicht genommen hätten. Es kam schließlich dahin, dass keine irgend bedeutsame Familienverbindung ohne seine Mitwirkung und Erlaubnis geschlossen werden konnte. [...] Fasst man alles zusammen, so muss man abschließend sagen, dass unter ihm die Stadt ihre Freiheit verloren hat, wenngleich man keinen besseren und angenehmeren Tyrannen hätte finden können. [...]

Francesco Guicciardini, Storie Fiorentine, Kap. 9. Zit. nach: Geschichte in Quellen, Band III, hrsg. von Wolfgang Lautemann/Manfred Schlenke, München 1966, S. 15 ff. Übers. Fritz Dickmann.

8 Der Einzelne und der Staat

Francesco Guicciardini (1483–1540), florentinischer Politiker und Historiker, über das politische Erbe der Renaissance:

Dass Alleinherrschaft eines guten Fürsten der Herrschaft mehrerer oder selbst vieler – auch wenn diese trefflich sind – vorzuziehen sei, gilt allgemein als richtig. Die Gründe dafür hat man oft gehört und doch wissen wir, dass die Alleinherrschaft sich leichter als die anderen Herrschaftsformen vom Guten zum Schlechten wandelt und dass sie dann schlimmer ist als alle diese andern, besonders wenn die Erbfolge diesen Wandel bewirkt; denn nur selten folgt einem weisen und trefflichen Vater ein ähnlich gearteter Sohn. Drum wollt ich gerne, dass mir die Leute einmal erklären, was eine neu gegründete Stadt unter Berücksichtigung all dieser Umstände und Gefahren sich wünschen sollte: Herrschaft eines, weniger oder vieler.
Hat die Volksherrschaft auch große Mängel und Nachteile, so halten doch treffliche Männer sie in unserer Stadt für das geringste Übel.
Von den drei Herrschaftsformen – der Herrschaft eines Fürsten, mehrerer Großer oder der breiten Masse – ist wohl die zweite für Florenz am allerschädlichsten; sie ist der Stadt ebensowenig ursprünglich und dort ebenso schlecht einzuführen wie die Gewaltherrschaft eines Fürsten, dazu kommt noch, dass der Ehrgeiz und die Streitsucht der regierenden Herren dieselben Übel mit sich brächten, wie die Gewaltherrschaft und darüber hinaus die Stadt in verschiedene Lager zerspalten würde, während keiner der Vorzüge der Tyrannis den Bürgern zugute käme.
Die Gleichheit im Volksstaat leidet nicht, wenn ein Bürger sich durch Zuneigung oder Achtung einen größeren Ruf erwirbt als andere, wenn es nur beim Volk steht, ihm diese Ehrenstellung zu verleihen und wieder zu entziehen. Ohne solche Hilfe vermag sich auch ein Volksstaat nur schwer zu halten. Wie nützte es unserer Stadt, wenn die Florentiner Tröpfe das endlich erkannten.
Freiheitsrechte werden nicht verliehen, um jedermann an der Herrschaft zu beteiligen, da dies nur denjenigen zusteht, die dazu fähig und würdig sind, sondern um die Einhaltung guter Gesetze und nützlicher Ordnungen zu gewährleisten, was eben deshalb in einem freien Staatswesen sicherer gelingt als unter der Herrschaft eines Mannes oder weniger Großer. Unserem Staat macht es so viel zu schaffen, dass die Bürger es nicht einsehen und sich nicht damit zufrieden geben, wenn sie frei und sicher leben, sondern auch noch alle an der Herrschaft teilnehmen wollen.

Die Freiheit im Staat gewährleistet Gerechtigkeit; denn sie dient in erster Linie dazu, dass keiner von anderen unterdrückt wird. Freilich gibt es auch Monarchien und Oligarchien, in denen das Recht geachtet wird und deren Untertan sich keine Freiheit zu wünschen brauchen. Die Weisen und Philosophen der Alten zogen mit gutem Grund nicht die freien Staaten den anderen entschieden vor, sondern stellten jene in den Vordergrund, die am besten die Wahrung von Recht und Gerechtigkeit gewährleisten.
Die Menschen neigen von Natur zum Guten, wenigstens so, dass alle, denen das Üble nicht gerade Nutzen oder Vorteil bringt, eher das Gute als das Schlechte tun. Da ihre Natur jedoch nicht unüberwindlich ist und unzählige Gelegenheiten sie zum Bösen verlocken, verraten sie oft aus Eigennutz ihre Natur. Weise Gesetzgeber erfanden drum Strafe und Auszeichnung als Zaum und Sporn, nicht um die Leute zu vergewaltigen, sondern zur Rettung der eigenen Natur, und der Staat, der diese Mittel nicht genügend anwendet, zählt die wenigsten glücklichen Bürger, was wir täglich in Florenz erfahren.

Francesco Guicciardini, Das politische Erbe der Renaissance („Ricordi"), Geordnet durch Ernesto Grassi, übersetzt von Karl Joseph Partsch, Bern 1946, S. 50 ff.

9 Der Historiker Christian Wieland über Florenz auf dem Weg zur Medici-Monarchie

Die Medici [...] hatten Florenz von 1434 bis 1494 unangefochten beherrscht: Zwar unter dem Deckmantel der Republik und im Rahmen einer die städtische Oligarchie integrierenden Amts- und Ratsverfassung, regierten ihre Häupter die Stadt [...] mithilfe eines straff geführten Klientelnetzes, einer gezielt eingesetzten Patronagepolitik, die sich auch auf die Bereiche der Wissenschaft und der bildenden Kunst erstreckte, und durch eine die Grenzen der Stadt sprengende Allianz- und Heiratsstrategie, die unter der Herrschaft Lorenzos des Prächtigen (1449–92) ihren Höhepunkt erreichte. Der Sohn Lorenzos, Piero (1471–1503), gerierte sich, in dem Wunsch nach Visualisierung einer bis dato indirekt und diskret ausgeübten Vorrangstellung, mehr als Signore denn als Moderator innerhalb des Patriziats seiner Heimatstadt; dies und seine devote Haltung gegenüber Karl VIII. von Frankreich, was als sowohl überflüssige als auch bedingungslose Übergabe der Florentiner libertà an eine fremde Großmacht gedeutet wurde, führten 1494 zur Vertreibung des älteren Familienzweiges. Während in Florenz verschiedene republikanische Verfassungs- und Regierungsformen erprobt wurden – u. a. die Realisierung eines von Savonarola inspirierten Gottesstaates – agierten die Medici von Rom aus, dem „Florenz am Tiber", um ihre Position am Arno erneut und auf unwidersprochene Weise zu etablieren. Mithilfe der kurz hintereinander zu Päpsten avancierten Medici-Kardinäle Giovanni und Giulio, die als Leo X. (1513–21) und Clemens VII. (1523–34) den Thron Petri zierten, beendete man die republikanischen Experimente des Patriziats und [...] des Volkes sozusagen in zwei Anläufen. 1512 wurde mit Unterstützung eines spanischen Heeres Lorenzo de' Medici, Neffe des ein Jahr darauf gewählten Leos X., als Herrscher in Florenz installiert. Nach dem Tod dieses [...] blieb als einziger Stammhalter der Medici ein achtjähriger Knabe in Florenz zurück – Alessandro, Sohn einer farbigen Mutter und, so hieß es allgemein, des kurz zuvor verstorbenen Herzogs von Urbino, wenn auch Gerüchte um eine Vaterschaft des Kardinals Giulio de' Medici, des zukünftigen Clemens VII., nie ganz verstummen wollten. Unter der Vormundschaft des Kardinals Passerini aus Cortona herrschte dieser als Stammhalter des Hauses Medici gehandelte Junge – Objekt und Instrument des ungebrochenen päpstlichen Einflusses in Florenz, der Stadt, die sich als die eigentliche Erbin des alten Rom begriff und die politische und finanzielle Gängelung durch römische Kreaturen nur schwer akzeptieren konnte.
Die Niederlage Clemens' VII. in Sacco di Roma 1527 galt denn auch in Florenz als willkommener Anlass, die Medici erneut zu vertreiben und nochmals die Etablierung einer Republik ins Werk zu setzen. Doch die Auswüchse einer von der alten Oberschicht als solcher empfundenen Volksherrschaft, des mit den Mitteln von Sondersteuern, Konfiskationen und Prozessen geführten Kampfes gegen das Patriziat trugen dazu bei, die städtische Einheit nachhaltig zu untergraben: Der siegreiche Einzug der Truppen des mittlerweile wiederum mit dem Papst verbündeten Kaisers 1530 und die neuerliche Etablierung Alessandros an die Spitze der Stadt stießen zuerst auf die Zustimmung sowohl der alten Eliten, die nur unter einer – wie auch immer definierten und konstitutionell begrenzten – Medici-Herrschaft ihre Position geschützt glaubten, als auch des Volkes [...].
Alessandro [...] wurde durch die vereinten Kräfte seiner hochrangigen Gönner – Karls V. und Clemens' VII. – schrittweise in seiner innerstädtischen Position gefestigt, 1532 mit dem Herzogtitel versehen und avancierte schließlich vom Papstneffen gar zum Schwiegersohn des Kaisers, der ihm seine natürliche Tochter Margherita zur Frau gab. Dem solchermaßen vorangetriebenen Ausbau der monarchischen Gewalt auf Kosten der traditionellen Magistrate, die im Rat der 200, dem Senat der 48 und vier alternierenden Staatsräten gemeinsam mit dem duca della Repubblica Fiorentina die nominelle Herrschaft innehatte, wurde durch die Ermordung Alessandros ein jähes Ende gesetzt. [1537 ...] Doch etwaige Utopien der Anhänger republikanischer Verfassungsentwürfe wurden durch das schnelle Handeln der Florentiner Senatoren – allen voran Francesco Guicciardinis – schnell als solche entlarvt: Um kaiserlichen Eingriffen in das innere Gleichgewicht der Stadt vorzubeugen, wählte man Cosimo de' Medici, einen Repräsentanten des jüngeren Zweiges des Hauses, zum Nachfolger des Ermordeten [...] Mit dem 1538 durch den Kaiser verliehenen Herzogstitel bewies er seinen Landsleuten eindrucksvoll, dass die Erbmonarchie in Florenz zur nicht mehr hinterfragbaren Realität geworden war [...]

Christian Wieland, Lorenzino de' Medici und Francesco Guicciardini. Zwei Günstlingstypen am Beginn der Medici-Monarchie. In: Der Fall des Günstlings. Hofparteien in Europa vom 13. bis zum 17. Jahrhundert, hrsg. von J. Hirschbiegel/W. Paravicini, Ostfildern 2004, S. 404 ff.

10 Der Stadtstaat Venedig

Schilderung des französischen Gesandten Philippe de Commynes, der 1494 als Gesandter König Karls VIII. von Frankreich nach Venedig kam:

Venedig ist die eindruckvollste Stadt, die ich jemals gesehen habe, diejenige, die Gesandte und Fremde am meisten ehrt, die am klügsten regiert wird und wo der Gottesdienst am feierlichsten begangen wird. Wenn es dort auch andere Fehler geben kann, so glaube ich doch, dass Gott ihnen beisteht, weil sie so ehrerbietig der Kirche dienen.
In dieser Gesellschaft von fünfzig Edelleuten führte man mich nach San Giorgio [1], einer Abtei schwarzer, reformierter Mönche, wo ich übernachtete. Am nächsten Morgen kamen sie, um mich zu der Signorie zu geleiten. Ich über-

reichte dem Dogen, der in allen ihren Ratsversammlungen präsidiert, meine Briefe. Er ist lebenslänglich im Amt und wird wie ein König geehrt. An ihn sind alle Briefe gerichtet, aber von sich allein aus vermag er nicht viel. Immerhin hat dieser hier sehr viel Ansehen, mehr als jeder andere ihrer Fürsten je gehabt hat. Er ist aber auch schon zwölf Jahre lang Doge, und ich habe ihn als einen edlen, klugen und in allen italienischen Angelegenheiten erfahrenen Mann gefunden, der persönlich sanft und liebenswürdig war.[2] [...]

Ich hielt mich dort acht Monate auf und wurde, wie alle anderen Gesandten dort, in allen Dingen freigehalten. Ich sage Euch, dass ich sie als so klug und so geneigt erkannt habe, ihre Herrschaft zu vergrößern, dass, wenn nicht bald Vorsorge getroffen wird, alle ihre Nachbarn die versäumte Stunde verwünschen werden. [...] Sie sind nicht so schnell in ihrer Ausbreitung wie die Römer; denn ihre Leute besitzen nicht mehr solche Tüchtigkeit. Keiner von ihnen zieht auf das Festland in den Krieg, wie es die Römer taten, außer ihren Proveditori[3] und Zahlmeistern, die ihren Hauptmann begleiten, ihn beraten und das Heerlager versorgen. Der ganze Seekrieg aber wird von ihren Edelleuten als Führern und Kapitänen von Galeeren und Transportschiffen und von anderen ihrer Untertanen geführt. Aber noch einen anderen Vorzug haben sie (anstatt selbst zu kämpfen): Es gibt keine einzelnen von so viel Ehrgeiz und Kraft, um ihre Mitbürger zu beherrschen, wie es in Rom war; aus diesem Grund haben sie niemals Bürgerkrieg in der Stadt: Der größte Reichtum, den ich an ihnen sah. Dagegen haben sie ganz wunderbar in vielen Arten vorgesorgt, denn sie haben keine Volkstribunen wie die Römer, was teilweise die Ursache von deren Zwietracht war; denn das Volk genießt kein Ansehen und wird in keiner Weise befragt, und alle Ämter, außer denen der Schreiber, sind von Edelleuten besetzt; [...]. Auch besteht die Mehrzahl ihres Volkes aus Fremden. Durch Titus Livius kennen sie wohl die Fehler, die die Römer machten; denn sie bewahren dessen Geschichte und auch seine Gebeine im Palast zu Padua auf. Aus diesen und vielen anderen Gründen, die ich an ihnen erkannt habe, sage ich noch einmal, sie sind auf dem Wege, sehr groß zu werden.

1 Benediktinerkloster, in dem gewöhnlich die fremden Gesandten untergebracht wurden
2 Agostino Barbarigo, Doge Doge 1486–1501.
3 Ital. Verwaltungsbeamter.

Zit. nach: Philippe de Commynes: Memoiren. Europa in der Krise zwischen Mittelalter und Neuzeit. Deutsch von Marga Krabusch-Schaefer. Herausgegeben von Fritz Ernst. Kröner Verlag, Stuttgart 1952, S. 326–329.

11 Dogenpalast in Venedig. Die Dogen wurden in einem aufwendigen Verfahren gewählt. Der Doge herrschte im frühen Mittelalter noch nahezu uneingeschränkt, verlor aber seit dem 11. Jahrhundert zunehmend an Macht. Schließlich blieben ihm nur noch repräsentative Aufgaben. Er stand den Verfassungsorganen der Republik vor und war formell Oberbefehlshaber der venezianischen Streitkräfte. Er konnte jedoch selbst keine Gesetze erlassen oder über Krieg und Frieden entscheiden.

Arbeitsvorschläge

1. Interpretieren Sie das Gemälde von Benozzo Gozzoli (M 2) unter der Frage, in welcher Form sich die Familie der Medici hier darstellen ließ.
2. Vergleichen Sie die beiden Darstellungen von Niccolo Machiavelli und Erasmus von Rotterdam über das Verhalten eines Fürsten (M 3).
3. Fassen Sie das politische System der Republik Florenz zusammen und vergleichen Sie dieses mit der Republik Venedig (M 5, M 10).
4. Stellen Sie den Aufstieg der Medici zur Fürstenfamilie in einem Essay dar (M 6 – M 9).

2 Neues Denken in Europa

2.1 Buchdruck, Transport, Militär – die Wissenschaften im Umbruch

Bücher und Bildung im Mittelalter

Rückblickend am weitreichendsten und nachhaltigsten wirkte sich wohl langfristig die Erfindung des Buchdrucks mit beweglichen Lettern über die eigentliche Epoche der frühen Neuzeit auf die weitere Menschheitsgeschichte aus. Bis zu diesem Zeitpunkt hatte man noch entweder jede Seite und jedes Buch mühsam von Hand abschreiben müssen – eine Aufgabe, die vor allem Kleriker besorgten, da sie die nötigen Bildungsvoraussetzungen mitbrachten – oder jede Manuskriptseite mühsam in Spiegelschrift aus einer Holztafel für den späteren Druck von sogenannten Blockbüchern herausschnitzen müssen. Beides war nicht nur sehr zeitaufwändig und mühsam, sondern auch kostspielig. Zudem wurden die Drucktafeln bald rissig und ließen daher nur geringe Auflagen zu.
Somit stellte die Kenntnis des Lesens und Schreibens gewissermaßen Herrschaftswissen dar, über das vor allem Kleriker und Adelige verfügten. Ebenso besaßen im Mittelalter nur die Klöster, Universitäten und einige reiche Adelige Bücher und Bibliotheken. Der weitaus größte Teil der Bevölkerung (ca. 95%) zählte jedoch zu den Analphabeten. An diesem allgemeinen Zustand der Lese- und Schreibunfähigkeit breiter Teile der Gesellschaft etwas zu ändern, hatte bislang kein wirkliches Interesse bestanden.

Erfindung des Buchdrucks

Dieser Zustand änderte sich erst mit dem Aufschwung des frühkapitalistischen Handels und Gewerbes. Hier entstand unter anderem bei Fernhandelskaufleuten wie den Medici und Fuggern erstmalig das Bedürfnis, Geschäftsvorgänge schriftlich zu dokumentieren. Dieser Umstand setzte jedoch wiederum schreib- und lesekundige Mitarbeiter voraus. Im ausgehenden Mittelalter erhöhte sich folglich die Zahl der Menschen, welche die Schule besuchten oder an den Universitäten studierten. Folglich nahm auch die Nachfrage nach Büchern sprunghaft zu. Das billigere Papier, welches das teure Pergament zunehmend verdrängte, tat sein Übriges dazu, um das Bildungsmonopol des ersten Standes zu überwinden und einen folgenreichen gesellschaftlichen Innovationsprozess in Gang zu setzen.
Initiiert wurde dieser durch die Erfindung des Buchdrucks mit beweglichen Lettern durch Johannes Gensfleisch – nach seinem Geburtsort Gutenberg benannt – in Mainz. Um seine Erfindung bekannt und lukrativ zu machen, druckte Gutenberg zunächst die Bibel.
Von nun an konnten Bücher günstiger und schneller produziert werden. Waren von den Druckern zunächst noch weitgehend theologische Werke für kirchliche Kreise in kleiner und somit teurer Auflage gedruckt worden, so wandte man sich bald von dieser Geschäftspraxis ab, zumal humanistische Forscher und Gelehrte das Medium als eine Möglichkeit entdeckt hatten, ihre Forschungsergebnisse leichter, schneller, kostengünstiger und in weitaus größeren Stückzahlen verbreiten zu können. Es entstanden nun Druckwerke unterschiedlichster Art: Bibeln, Rechtsbücher, Grammatiken, Kräuterbücher, Romane, Erzählungen, wissenschaftliche, medizinische und technische Abhandlungen. Fünfzig Jahre nach Erfindung des Buchdrucks gab es in 250 Städten Europas mehr als 1120 Druckereien und waren bereits 40 000 Titel in zehn Millionen Exemplaren gedruckt.
Durch den Buchdruck wurde nicht nur der Aufschwung von Wissenschaft und Technik herbeigeführt, sondern auch die mediale Voraussetzung für die stark zunehmende Informationsverbreitung in allen Lebensbereichen gelegt. Erst mit dem Buchdruck verbreitete sich das neue Wissen rascher und war für breitere Bevölkerungsschichten und eine größere Leserschaft erreich-

1 **Lyoner Totentanz**
Der Holzschnitt von Matthias Huß 1500 stellt die älteste bekannte Darstellung einer Druckereiwerkstatt dar. Die Darstellung ermahnt den Drucker und seine Mitarbeiter (Setzer, Farbauftrager, Buchhändler), dass auch sie sterblich sind.

bar. Viele Adlige, Gelehrte und reiche Bürger richteten sich nun Bibliotheken ein. Die massenhafte Verbreitung sorgte dafür, dass das Buch seinen Charakter als Luxusgegenstand allmählich verlor und zu einem allgemein zugänglichen Gebrauchsgegenstand wurde. Das Buch bildete somit das erste Massenmedium der Geschichte.

Widerstand der Geistlichkeit

Zudem kam der Erfindung des Buchdrucks auch eine politische und religiöse Bedeutung zu. Mit den neuesten Nachrichten, Flugblättern und Pamphleten, die nun in kürzester Zeit in der jeweiligen Landessprache gedruckt werden konnten, reagierten gesellschaftliche Interessensgruppen auf aktuelle Ereignisse und nahmen so Einfluss auf die öffentliche Meinung. Zudem erschienen immer mehr Bücher in der jeweils eigenen Volkssprache und lösten das dort bisher vorherrschende Latein – dessen Kenntnis wiederum nur den oberen Gesellschaftsschichten vorbehalten war – ab. Die Zeitgenossen waren somit nicht mehr darauf angewiesen, das zu glauben, was die Kirche oder weltliche Obrigkeit ihnen vorgab. Entsprechend groß war der Widerstand geistlicher Instanzen – in allen Buchrelegionen (▶ M 6). In Europa verlor jedoch die katholische Kirche den Kampf um das wichtigste Kommunikationsmonopol. Die neuen Möglichkeiten der Wissensverbreitung und der theoretischen Debatten, die der Buchdruck mit beweglichen Lettern ermöglichte, ging einher mit der wachsenden Unzufriedenheit vieler Gläubiger und trug somit wesentlich zur Pluralisierung der christlichen Kirche in Gestalt der Reformationsbestrebungen bei. Auch die orthodoxe Kirche geriet durch die Erfindung des modernen Buchdrucks in eine Krise. Die islamische Welt verweigerte sich nahezu komplett dieser Neuerung – mit folgenschweren Konsequenzen für weitergehende Modernisierungsprozesse (▶ M 7).

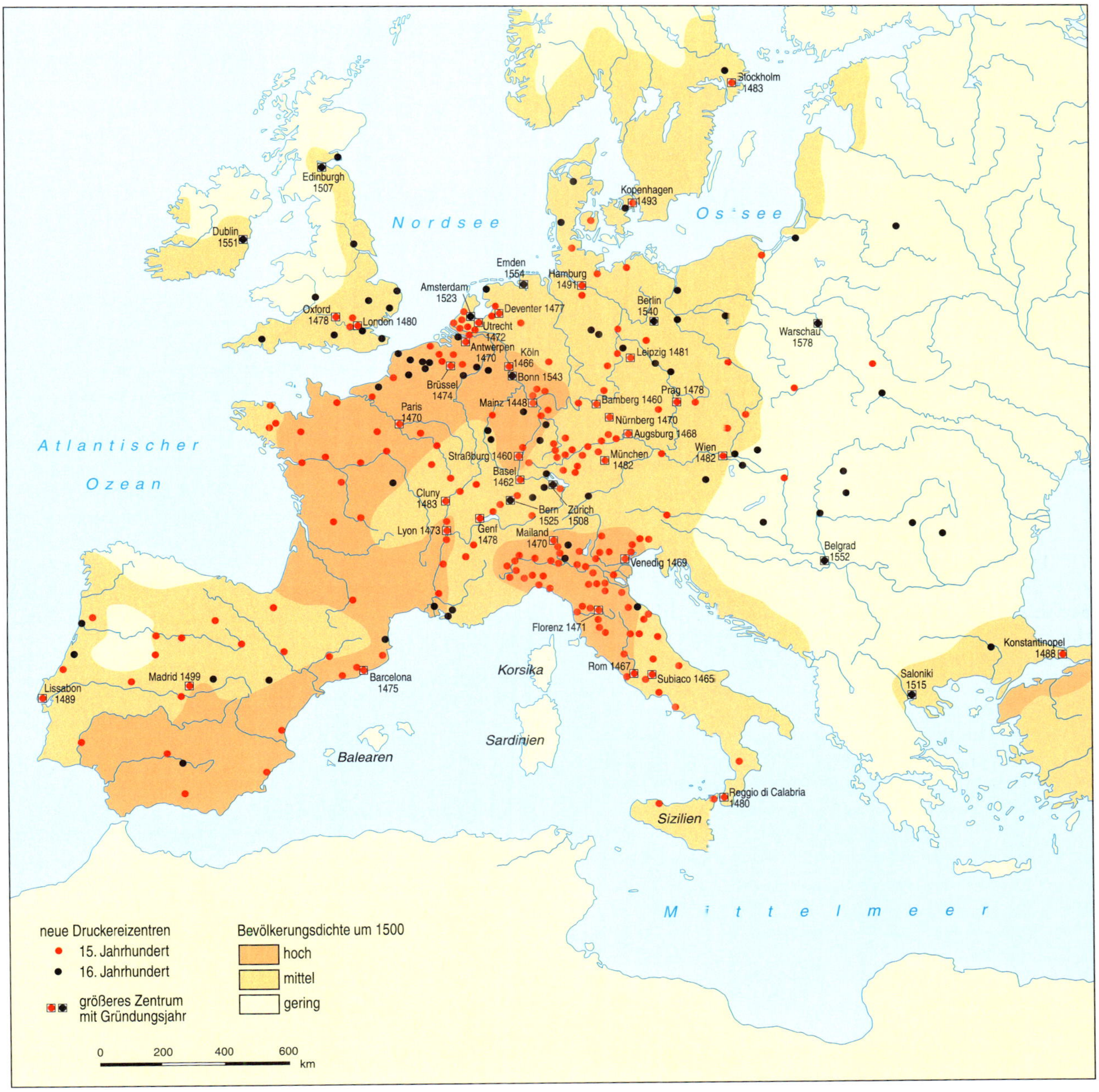

2 Verbreitung der Drucktechnik mit beweglichen Lettern im 15. und 16. Jahrhundert

3 Verbrennen „gottloser" Bücher
Gemälde des spanischen Malers Pedro Berruguete (1450–1504) um 1501

4 Über die Erfindung der Buchdruckerkunst

Seitdem Johannes Gutenberg Mitte des 15. Jahrhunderts den Buchdruck mit beweglichen Lettern erfunden hatte, verbreitete sich die neue Technik schnell. Der deutsche Benediktiner Johannes Trithemius berichtet Anfang des 16. Jahrhunderts in den „Annalen des Klosters Hirsau":

Zu dieser Zeit wurde in Mainz, einer Stadt Deutschlands am Rhein, und nicht in Italien, wie einige fälschlich berichten, jene wunderbare und früher unerhörte Kunst, Bücher mittels Buchstaben zusammenzusetzen und zu drucken, durch Johannes Gutenberg, einen Mainzer Bürger, erfunden und ausgedacht. Nachdem er beinahe sein ganzes Vermögen für die Erfindung dieser Kunst aufgewendet hatte, vollbrachte er, mit übergroßen Schwierigkeiten kämpfend, indem er bald in diesem, bald in jenem zu knappe Mittel besaß und schon nahe daran war, am Erfolg verzweifelnd, das ganze Unternehmen aufzugeben, doch endlich mit dem Rat und den Vorschüssen des Johannes Fust, ebenfalls Bürger von Mainz, die angefangene Sache. Demnach druckten sie zuerst das unter dem Namen „Catholicon" bezeichnete Wörterbuch [grammatisch-lexikalisches Werk in lateinischer Sprache aus dem 13. Jahrhundert], nachdem sie die Züge der Buchstaben nach der Ordnung auf hölzerne Tafeln gezeichnet und die Formen zusammengesetzt hatten. Allein mit diesen Formen konnten sie nichts anderes drucken, eben weil die Buchstaben nicht von den Tafeln ablösbar und beweglich, sondern eingeschnitzt waren. Nach diesen Erfindungen folgten kunstreichere. Es gelang ihnen, die Formen aller Buchstaben des lateinischen Alphabets zu gießen. Diese Formen nannten sie Matrizen, und aus ihnen gossen sie hinwiederum eherne oder zinnerne, zu jeglichem Druck geeignete Buchstaben. Solche hatte man früher mit den Händen geschnitzt. Und in der Tat, wie ich vor beinahe dreißig Jahren aus dem Munde des Peter Schöffer von Gernsheim hörte, eines Mainzer Bürgers, des Schwiegersohnes des ersten Erfinders der Kunst, hatte die Buchdruckerkunst vom Anfang ihrer Entstehung an große Schwierigkeiten zu bekämpfen. Als sie nämlich beschäftigt waren, die Bibel zu drucken, hatten sie schon mehr als viertausend Gulden ausgegeben, bevor sie auch nur das dritte Quarternium [Lage von vier Bögen] zustande brachten. Der erwähnte Schöffer aber, damals Gehilfe, hernach Schwiegersohn des ersten Erfinders Fust, ein kluger gedankenreicher Kopf, dachte eine leichtere Art aus, Buchstaben zu gießen, und brachte die Kunst zur heutigen Vollendung. Diese drei hielten ihre Art und Weise zu drucken einige Zeit geheim, bis sie durch Gehilfen, ohne deren Mitwirkung die drei Männer die Kunst nicht selbst ausüben konnten, zuerst bei den Straßburgern und schließlich bei allen Nationen verbreitet wurde.

Bernhard Pollmann (Hrsg.). Lesebuch zur deutschen Geschichte, Band II. Dortmund 1984, S. 13 f.

In: Asmut Brückmann; Dietmar Schiersner. Historisch-Politische Weltkunde – Frühe Neuzeit. Stuttgart 2007, S. 27 f.

5 Über den Wert von Büchern

Der italienische Humanist Polidorus Vergilius (1470–1555) schrieb 1499 über den Buchdruck:

Dieses Ereignis [Bibliotheksgründung] war in jeder Hinsicht ein großes Geschenk für die Menschen, jedoch reicht es in keiner Weise an das Geschenk heran, das unsere Generation erhalten hat: die neue Art zu schreiben. Wird doch an einem Tag von einem Menschen so viel Schriftliches gedruckt, wie kaum in einem ganzen Jahr mehrere schreiben könnten. Zufolgedessen ist eine so große Menge Bücher [...] auf uns eingeströmt, dass es kein bedeutenderes Werk mehr geben wird, das ein Mensch [...] vermissen müsste. Hinzu kommt noch, dass die Erfindung des Buchdrucks sehr viele griechische wie lateinische Autoren für alle Zukunft vor der Gefahr des Untergangs bewahrt hat. Darum darf man den Erfinder einer so wichtigen Sache nicht um seinen Ruhm betrügen, vor allem im Hinblick darauf, dass die Nachwelt wissen soll, wem sie den Empfang dieser göttlichen Wohltat zu verdanken hat.

Hans Widman. Vom Nutzen und Nachteil der Erfindung des Buchdrucks – aus der Sicht der Zeitgenossen des Erfinders. Mainz 1973, S. 38 f. In: Achim Beyer; Jörgen Hartman et al. Geschichte und Geschehen exempla. Leipzig 2003, 134.

6 Folgen des Buchdrucks

Bereits Papst Innozenz VIII. (1432–1492) hatte 1487 die Bulle Inter multiplices zur Zensur „unfrommer Druckwerke" verabschiedet. Der Medici-Papst Alexander VI. (1431–1503) bestätigte diese Bulle 1501 abermals und schrieb dazu:

Da wir erkannt haben, dass durch die Buchdruckkunst sehr viele Bücher und Abhandlungen in den verschiedenen Teilen der Welt, namentlich in kölnischen, mainzischen, trierischen und magdeburgischen Sprengel, gedruckt worden sind, welche viele Irrtümer und verderbliche, ja selbst der christlichen Religion feindliche Lehren enthalten, so verbieten wir – bestrebt, einer derartigen verabscheuungswürdigen Verderbnis ohne Aufschub entgegenzutreten – allen Buchdruckern insgesamt bei Strafe der Exkommunikation und bei einer Geldstrafe, welche durch unsere ehrwürdigen Brüder, die Erzbischöfe von Köln, Mainz, Trier und Magdeburg oder deren geistliche Generalvikare aufzulegen und zu vollziehen ist, ernstlich, dass sie in Zukunft Bücher, Abhandlungen oder irgendwelche Schriften drucken oder drucken zu lassen irgendwo sich unterstehen, ohne zuvor darüber die Erzbischöfe oder genannte Stellvertreter um Rat zu fragen und ohne die besondere und ausdrückliche Erlaubnis ausgewirkt zu haben; und wir machen es jenen zur Pflicht, bevor sie solche Erkenntnis erteilen, das zu Druckende sorgfältig zu prüfen und fest darauf zu achten, dass nichts gedruckt werde, was dem strengen Glauben zuwider, gottlos oder Ärgernis erregend ist.

Richard Leoning. Über Zensur und Pressefreiheit. Deutsche Rundschau 1891, S. 445.

7 Schreibrohr und Druckerpresse – Die islamische Welt verweigert sich dem Buchdruck

Der Wiener Historiker Mitterauer 2006 in einem Vortrag über die Transferprobleme der neuen Kommunikationstechnologie des Buchdrucks zwischen der europäischen Welt der Renaissance und der islamischen Welt:

Zwischen dem ostasiatischen Kulturraum mit seiner bis ins 8. Jahrhundert zurückreichenden Buchkultur des Blockdrucks und dem europäischen, der seit dem 15. Jahrhundert mit hoher Intensität Druckwerke auf der Basis der Typographie produziert, liegt der islamische Großraum, in dem sich Druckverfahren – von wenigen Ausnahmen abgesehen – im Wesentlichen erst im 19. Jahrhundert durchsetzen. […]

Gutenbergs Erfindung entsprach damals einem dringenden gesellschaftlichen Bedürfnis. Wäre sie nicht in Mainz erdacht worden, so wohl bald darauf irgendwo anderwärts in Deutschland, Frankreich oder Italien. Interessant erscheint nun, wie benachbarte Kulturräume bzw. Religionsgemeinschaften auf die Erfindung reagierten. Relativ zurückhaltend verhielt man sich im Bereich der Ostkirche[1]. Ein ähnlicher gesellschaftlicher Bedarf wie im Westen war hier offenbar nicht gegeben. Gefördert wurde der Buchdruck im Kontext von Maßnahmen reformorientierter Herrscher. Zurückhaltung kam hingegen lange Zeit aus kirchlichen Kreisen. Die Vervielfältigung durch den Druck machte auf voneinander abweichende Stellen in der Überlieferung der heiligen Schriften aufmerksam. […] Wie in allen Buchreligionen, bewirkte die Sorge um das heilige Buch das Hauptproblem in der Übernahme der neuen Kommunikationstechnologie. […]

Im Judentum wurde die Typographie allgemein mit großer Begeisterung aufgenommen, es bestand ja durch die Diaspora-Situation besonders starker Bedarf nach diesem Kommunikationsmittel. […]

Unter den Buchreligionen nimmt der Islam hinsichtlich der sakralen Vorgaben seiner Schriftkultur eine einmalige Sonderstellung ein. Anders als die heiligen Bücher der Juden und Christen formuliert der Koran explizit maßgebliche Rahmenbedingungen seiner Verschriftlichung. Sie betreffen einerseits die Sprache, andererseits das Schreibinstrument. In Sure 16, Vers. 103, wird die Sprache des Korans als eine „deutliche arabische Sprache" bezeichnet. Die Folgen dieser sprachlichen Fixierung waren weittragend. Der Koran durfte nicht übersetzt werden. […] Die Kalligraphie stellt im Islam eine besonders heilige Kunst dar – die heiligste von allen, nämlich die Kunst der spirituellen Welt. […] Seine kalligraphische Wiedergabe lässt sich in diesem Sinne als eine Nachahmung Gottes durch den Schreiber verstehen. Jedes Koran-Exemplar, das neu geschrieben wurde, konnte als ein Abbild des im Himmel wohlverwahrten Urkorans verstanden werden. Diese Wiedergabe war zwingend an Handschrift und Schönschrift gebunden. In einer derart stark religiös geprägten Buchkultur wie der islamischen bzw. arabischen entstand dadurch eine enge Bindung an das Schreibrohr als Instrument schriftlicher Wiedergabe. […]

Getrennte Wege ging man auch, als in der Buchproduktion erste Druckverfahren aufkamen. Dem Druck mit beweglichen Lettern ging der Blockdruck voraus. In Ostasien wurde er schon im 8. Jahrhundert praktiziert, in Europa […] seit dem 14. Jahrhundert. […] Der chinesische Blockdruck war im islamischen Kulturraum bekannt. Wahrscheinlich kam man mit ihm in Anschluss an die Verbreitung des Papiers in Berührung. Den Beschreibstoff übernahm man mit weit reichenden Folgen, die Technik des Druckens nicht. […] Das technische Gegenstück zum chinesischen Blockdruck stellt in Europa der Holzschnitt dar, der hier dem Druck mit beweglichen Lettern um einige Jahrzehnte vorausgeht. Vom europäischen Holzschnitt blieb der islamische Kulturraum völlig unberührt.

Gegen die Herstellung von Büchern im Blockdruck liegt aus dem islamischen Raum keinerlei Verbot vor. Trotzdem entstand hier kein Buch, das in dieser Technik produziert worden wäre. Der religiöse Kontext der Buchkultur ließ das offenbar nicht zu. Bücher hatten mit der Hand geschrieben zu werden, und zwar mit dem Schilfrohr, dem Instrument göttlicher Offenbarung. Dieser Grundsatz galt wohl auch ganz selbstverständlich, als hier in der zweiten Hälfte des 15. Jahrhunderts der Buchdruck mit beweglichen Lettern bekannt wurde. Im Osmanischen Reich ging man nun allerdings schon bald mit expliziten Verboten gegen die neue Kommunikationstechnologie vor. Sultan Bajasid II.[2] untersagte 1483 die Errichtung von Druckereien unter Todesstrafe. Scheinbar in Widerspruch dazu gestattete er 1493 jüdischen Flüchtlingen aus Spanien den Druck von Büchern mit Ausnahme von solchen in arabischer Sprache und Schrift. Schon in der Frühzeit des Buchdrucks zeichnet sich damit im Nahen Osten ein Grundmuster ab, das Jahrhunderte hindurch beibehalten wurde. Jüdische und später auch christliche Minderheiten durften die Typographie nutzen, solange dadurch die islamische Mehrheitskultur nicht betroffen war.

[1] Orthodoxe Regionen wie z. B. Russland.
[2] Sultan des Osmanischen Reiches 1481–1512.

Michael Mitterauer, Schreibrohr und Druckerpresse. Transferprobleme einer Kommunikationstechnologie. Vortrag 15.12.2006 (http://www.dieUniversitaet-online.at, Stand 6.1.2010). In: Friedrich Edelmayer u. a. (Hg.), Plus ultra. Die Welt der Neuzeit. Festschrift für Alfred Kohler zum 65. Geburtstag, Aschendorff Münster 2008, S. 383–406.

8 Die Wirtschaftshistorikerin Helga Schultz über den Fortschritt auf alten Bahnen

a) Energie durch Wasserkraft

Die Frühe Neuzeit war keine Zeit der großen Erfindungen. […] Fortschritte wurden erreicht in der Verbesserung, neuen Kombination und breiten Anwendung der bekannten Techniken. […]

Viele neue Verwendungen fand man für das Wasserrad. Es trieb nicht mehr nur die meisten Getreidemühlen des Kontinents, sondern auch Pulvermühlen und Papiermühlen, Eisenhämmer und Sägemühlen. Die Papiermühlen nahmen mit der Ausbreitung des Buchdrucks ebenso rasch zu wie die Pulvermühlen mit der Entwicklung der

2

Artillerie. Die Eisenhämmer hatten erst seit dem Beginn des 18. Jahrhunderts Konjunktur, als man die Sprödigkeit des Gusseisens soweit gemeistert hatte, dass man es statt der teuren Bronze für den Guss der Geschütze verwenden konnte. In bescheideneren Dimensionen fanden Wasserräder auch im Handwerk Anwendung: Schmiede und Drahtzieher gebrauchten sie, und die Walkmühlen der Tuchmacher wurden nach Möglichkeit ebenfalls vom Wasser getrieben. Fließende Gewässer waren in der Frühen Neuzeit mehr als irgendwann sonst entscheidend für die Standortwahl von Gewerben aller Art, und die europäischen Mittelgebirge wurden so zu bevorzugten Regionen der Gewerbeentwicklung.

b) Fortschritt im Transport

Vielfältige Verbesserungen anstatt grundlegender Umwälzungen gab es auch im Verkehrswesen und in der Nachrichtenübermittlung. Die Fortschritte blieben deshalb in heutigen Augen bescheiden. Vor allem die Seereisen dehnten sich endlos, und die Seeleute litten Gefahr für Leib und Leben durch Mangel an Trinkwasser und Vitaminen, durch Krankheiten, Unwetter und Piraten. Die Überquerung der Ozeane dauerte schon deshalb länger als eine Saison, weil man die günstigen Meeresströmungen nutzen musste. […] Die entscheidende technische Neuerung war der Dreimaster mit variabler Beseglung gewesen, wie ihn schon die Karavelle der Portugiesen um 1430 verkörperte. Dieses Schiff ermöglichte das Kreuzen gegen den Wind und die Hochseeschifffahrt. Hansen, Holländer und Engländer vervollkommneten diesen Urtyp, den erst die eisernen Dampfschiffe des 19. Jahrhunderts ablösten. […]
Die holländischen Segler bewältigten […] die Strecke zwischen Danzig und Amsterdam durchschnittlich in 25 Tagen, zwischen Danzig und Lissabon waren sie etwa acht Wochen unterwegs. Wenn man bedenkt, dass zur selben Zeit ein reitender Bote – die schnellste Art, auf dem Landweg zu kommunizieren – mit einem Brief von Venedig nach Hamburg drei Wochen brauchte, so wird klar, dass der Vorteil des Seeweges nicht nur in der Möglichkeit zum Transport großer Lasten, sondern auch in der Schnelligkeit lag. Es war ein großer Nachteil, vom Seeweg abgeschnitten zu sein, wie es das Zarenreich [*Russland*] fast ganz war.
Nur die schiffbaren Flüsse boten im Binnenland eine annehmbare Alternative zu dem mühseligen, langsamen und gefährlichen Landtransport von Waren und Gütern. Rhein, Elbe, Weichsel und Donau waren daher die wichtigsten Verkehrswege im inneren Europa. Osteuropa war in dieser Hinsicht von der Natur spärlich ausgestattet, doch auch in den gewässerreichen Regionen des Kontinents gab man sich mit dem Vorhandenen nicht zufrieden und baute Kanäle. In der Lombardei gab es schon seit dem 15. Jahrhundert ein Kanalsystem. Die Niederländer verbanden seit der Mitte des 16. Jahrhunderts Brüssel und Antwerpen, die Amsterdamer Zuidersee und die Scheldemündung mit Kanälen; die Franzosen verbanden Seine und Loire mit dem Briare-Kanal […].

Helga Schultz, Handwerker, Kaufleute, Bankiers. Wirtschaftsgeschichte Europas 1500–1800, Frankfurt/M. 1997, S. 65 f., 68 f.

9 Während der Plünderung Roms („Sacco di Roma") verspotten deutsche Landsknechte Papst Clemens VII.
Holzschnitt aus der Historischen Chronik Johann Ludwig Gottfried 1630.

Keyn ding hilfft fur den zeytling todt
Darumb dienent got frwe vnd spot

Das mūg wir all wol erspehen
Das bald vmb ein mensch ist gschehen
Dan̄ so wir heut ein mensch haben
Vileicht wirt er morn vergraben
Darumb O menschlich hertigkeyt
Warumb sind dir nit dein sund leyd
So du doch wol pist vernemen
Das got all pŏß wūrt beschemen
In ewigkeit durch sein streng gricht
Do entpfleucht keynr dem richter nicht
Durch allein du furchtest hye got
Dardurch enttrinst dem ewing tod
Drum heb an noch Cristo zleben
Der kan dir ewigs lebm geben
Des halb kain zeytlichs ding an sich
Aber noch künfftigem richt dich
Vnd thu stetz noch gnaden werben
Als soltestu all stund sterben
Spar dein peßrung nit piß auff morn
Dann vngwiß ding ist pald verlorn
Pesser ist von sunden zihen
Dan̄ den zeytlichen todt flyehen
Wer ein lauters gewissen hat
Der furcht den tod nit frū vnd spat
Vnd fragt nit vil noch langer zeyt
Dye vnns hye got aufferden geyt
Gar selten gschichtzs in lang leben
Das sich dleud in peßrung geben
Sye meren aber dick dye sund
Wolt got das ich kurtz woll lebm künt
Wye wolls forchtsam ist zusterben
Doch thůt nit alweg erwerben
Langs lebm dye gnad gotzs innigkayt
Mert aber dick das hellisch layd
Dem dye stund seines tods alweg
Wolbetracht in seim hertzen leg
Vnd sich all tag zum sterben schickt
Den het gŏtliche gnad anplickt
Vnd wūrd in dem rechten fryd stan
Den got gibt vnd welt nit gebm kan
Darumb welcher recht leben thůt
Der vberkümpt ein starcken mūt
Vnd jn erfrewt des todes stund
Dorin jm seligkayt wūrt kund
Er furcht auch nit got den richter
Dan̄ er waß hye sein selbs schlichter
Durch půß do mit er hy erwarb
Gotzs gnad auff ertrich ee er starb
Welcher die welt thut auffgeben
Vnd verschmecht sich in dem leben
Dem kumpt ein solch starck hoffnung ein
Das er nymantz den gotzs mūß sein
Wer aber gūte werck will sparn
Piß er schir von hynnen soll farn
Vnd verlest sich auff meß lesen
Vnd verhofft dardurch zu gnesen
Den bezalt man mit glocken than
Domit laufft sein dechtnuß dorfan
Also wirt sein hye vergessen
Wye lang zeyt er sey gesessen
In der hell oder fegfewer
Vnd leyd do groß vngehewer
Wer nit noch fursichtigkeyt stelt
Vnd rechte trew pey jm selbs helt
Der darff nymant keyn schuld geben
Ob er in seim tod vnd leben
Von got vnd menschen glassen wūrt
Dann er hat sich hye selbs verfurt
Darumb welcher woll sterben will
Der thů willig gūter werck vill
Vnd setz sein getraw gantz in got
So kan er nit werden zu spot
In verlest auch nymer gotzs krafft
In furt got in hymlisch gselschafft
Das soll wir frŏlich all begern
So wūrt vns gotzs erbermt gewern

10 Flugblatt Tod und Landsknecht, Kupferstich von Albrecht Dürer (1471–1528)

11 Stabile Herrschaft gibt es nur ohne Söldner

Macchiavelli schrieb in seinem Werk „Der Fürst“ auch über die Rolle der Kriegsunternehmer und Söldner als Herrschaftsinstrument der italienischen Stadtstaaten. Dies tat er unter dem Endruck der verheerenden Kriegszüge des französischen Königs Karl VIII. nach Italien 1494/95.

Die Söldner und Hilfstruppen sind unbrauchbar und gefährlich; und wenn einer seinen Staat auf Söldnertruppen stützt, so steht er niemals fest und sicher; denn sie sind uneinig, ehrgeizig, disziplinlos und untreu, überheblich gegen die Freunde und gegenüber dem Feind feig; sie sind ohne Gottesfurcht und ohne Treue gegen die Menschen. Du schiebst deinen Untergang so lange auf, wie du den Angriff aufschiebst; im Frieden wirst du von ihnen und im Kriege von den Feinden ausgeplündert. Der Grund hierfür ist der, dass sie weiter keine Abhängigkeit haben und keinen anderen Grund, der sie auf dem Schlachtfeld hält, als das bisschen Sold, das nicht hinreicht, um sie für dich in den Tod gehen zu lassen. Sie wollen nur deine Soldaten sein, wenn du keinen Krieg führst, aber wenn er kommt, sich schleunigst davonmachen und nach Hause gehen. […]

Erfahrungsgemäß weiß man, dass nur die eigenen Heere von Fürsten und Republiken bedeutsame Fortschritte machen und Söldnerheere nur Schaden anrichten. Ein Freistaat, der ein eigenes Heer besitzt, gerät viel schwerer unter die Knechtschaft eines Mitbürgers, als wenn er nur fremde Truppen hat.

Niccolo Macchiavelli, Der Fürst (Il Principe). Übersetzt und eingeleitet von Friedrich Blaschke, Leipzig 1924, S. 47 f.

12 Veränderungen im Militärwesen und ihre Folgen

Der Politikwissenschaftler Herfried Münkler über das Söldnerwesen zu Beginn der Neuzeit

[…] die Kriege des späten Mittelalters und teilweise noch der frühen Neuzeit [sind] als Streifzüge gegen die Ländereien und Besitzungen des Gegners geführt worden. Da nur selten die Möglichkeit bestand, dessen feste Plätze, Burgen und mauergeschützte Städte einzunehmen, wurde das umliegende Land verwüstet, man überfiel die Dörfer und brannte die Gehöfte nieder. Zu Schlachten kam es nur dann, wenn der bedrohte Landesherr den räuberischen Scharen entgegentrat und diese daraufhin nicht das Weite suchten, sondern sich zum Kampf stellten. Das freilich geschah selten, und so war die spätmittelalterliche Kriegführung eher eine der Verwüstungen als der Gefechte und Schlachten. […] Es kam nicht darauf an, größere Gebiete des Gegners zu erobern, sie besetzt zu halten oder gar politisch zu annektieren; dazu wären die meisten Kriegführenden ohnehin gar nicht in der Lage gewesen, da ihnen sowohl ausreichend starke Truppen als auch die Mittel fehlten, auf Dauer für deren Unterhalt aufzukommen. Stattdessen sollte dem Feind ein nachhaltiger Schaden zugefügt werden, um ihn auf diese Weise zur Erfüllung von Forderungen oder zur Einwilligung in Verträge zu zwingen. Modern formuliert: Durch den Krieg erhöhte man die Kosten, die der Gegner für die Aufrechterhaltung seines (politischen) Willens zu entrichten hatte, und hoffte, ihn so zum Einlenken zu bewegen. […]

Der Krieg war zu einem Geschäft und Kämpfen zu einer geldentlohnten Dienstleistung geworden, weswegen Karl Marx das Söldnerwesen auch als eine uneigentliche Vor-

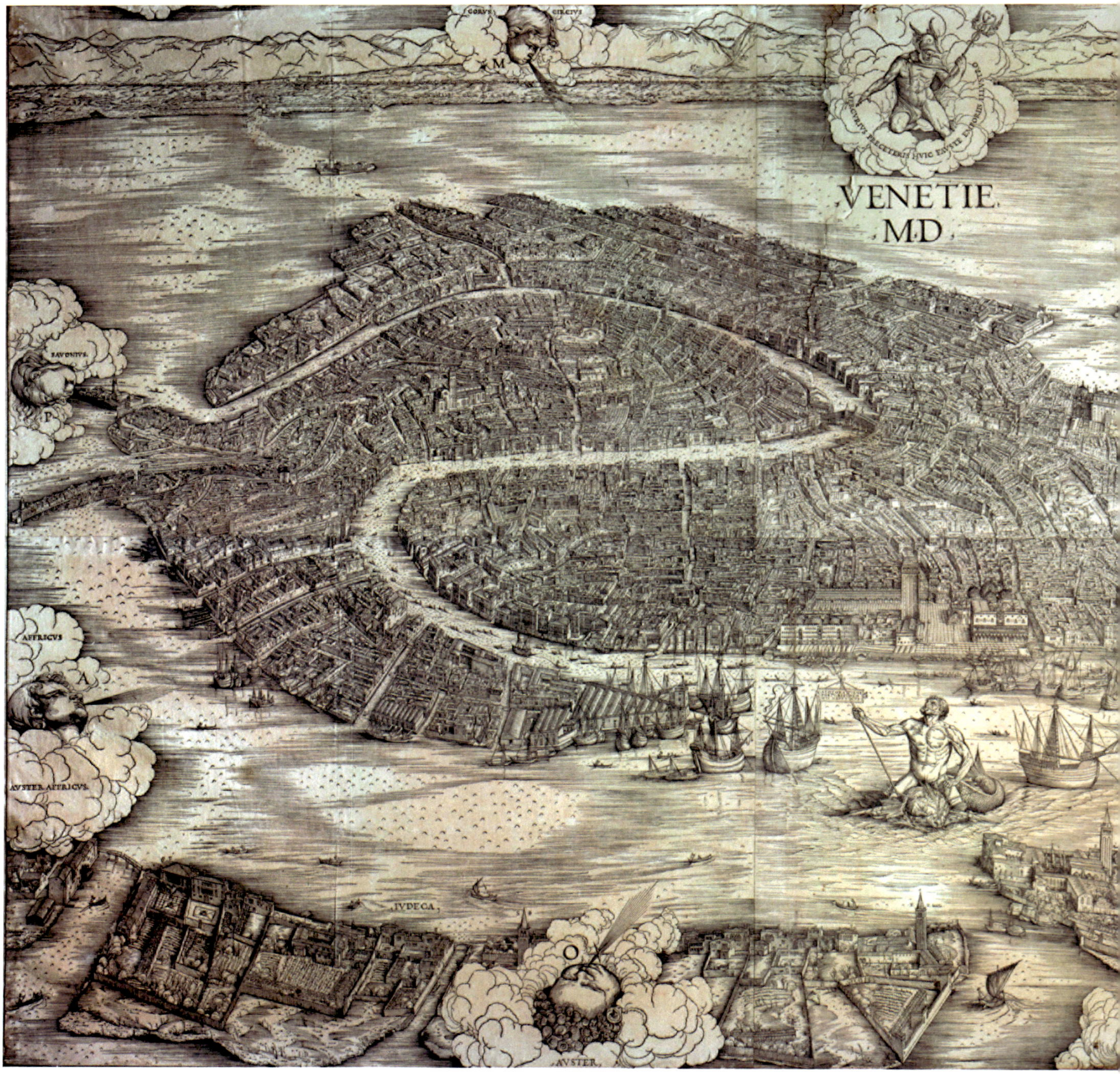

13 Vogelschauperspektive auf die Stadt Venedig um 1500. Venedig war in der Renaissance einer der reichsten und politisch stabilsten Staaten Europas. Bis zur Entdeckung des Seeweges nach Indien durch Vasco da Gama 1501 beherrschte Venedig den gesamten Ost-West-Handel. Gesichert durch die venezianische Kriegsmarine, fuhren seine Handelsschiffe über das Schwarze Meer zu den Endstationen der Seidenstraße, nach Syrien zu den orientalischen Karawanenstraßen, nach Alexandrien, dem Endpunkt der Pfefferstraße, nach Frankreich, Spanien und Nordafrika. Mit den Dukaten der Großmacht Venedig konnte man vom Atlantik bis China bezahlen. Buchhaltung, Kartografie und Buchdruck waren Spezialitäten der blühenden Stadtrepublik. Holzschnitt nach einer Zeichnung von Jacopo de Barbari (1440–1515)

SEPTENTRIO
MVRAN
AQVILO
EVRVS

form der Lohnarbeit bezeichnet hat. Rechtliche Basis einer solchen Art von Kriegführung war die Condotta, ein von Juristen aufgesetzter und teilweise bis ins Detail hinein spezifizierter Vertrag zwischen dem Auftraggeber, einer Stadt oder einem Fürsten, und dem Kriegsunternehmer, dem Condottiere. Darin waren die Höhe des Soldes, die Stärke der Truppen, die Dauer, für die sie zu stellen waren, und vor allem die Aufgaben, die sie zu übernehmen hatten, festgelegt. […]

Die persönliche Dienstleistung des Lehnsmanns, die das mittelalterliche Feudalsystem geprägt hatte, und das auf dem Waffendienst der Bürgerschaft beruhende Milizwesen der Städte wurden rationalisiert und systematisiert. An die Stelle der persönlichen Verpflichtung dem Herrscher oder der Bürgerschaft gegenüber trat die unpersönliche Beziehung von Kauf und Tausch. Das Wehraufgebot der Städte wurde ersetzt durch die zeitlich begrenzte Anwerbung professioneller Krieger, und die personale Treueverpflichtung der mittelalterlichen Lehnsaufgebote wurde abgelöst durch den befristeten, geldvermittelten Kontrakt.

Dieser Prozess hatte eine soziale Öffnung des Militärwesens zur Folge: Waffen zu führen war nicht länger ein Privileg des Adels, sondern wurde zu einer Tätigkeit, die im Prinzip jeder, der sich dazu für geeignet hielt, ausüben konnte. Nachdem es über mehrere Jahrhunderte durch starke Exklusivmechanismen beherrscht worden war, wurde das Militärwesen jetzt zu einem Sprungbrett des sozialen Aufstiegs. […]

Wo das einzige Band zwischen der politischen Führung und dem Militär die mit Geld erkaufte, zeitlich befristete Loyalität ist, da schleicht sich der Verratsverdacht schnell ein. Ohnehin hielten die Condottieri oft schon nach dem nächsten Beschäftigungsverhältnis Ausschau, während das alte noch bestand. Die Vermutung, dass sie dieses nicht mit der geforderten Sorgfalt zu Ende brachten, lag nahe, und sicherlich haben sie einige Kriege bewusst verschleppt, um die Zeit ihrer Besoldung zu verlängern. An einer raschen Entscheidung des Krieges dürfte jedenfalls kaum einem von ihnen gelegen gewesen sein. Außerdem waren die Condottieri und ihre Soldaten in der Regel wenig geneigt, für einen zeitweiligen Arbeitgeber Leib und Leben zu riskieren. […]

Dass Fußsoldaten es jetzt, im Unterschied zu den vorangegangenen Jahrhunderten, mit gepanzerten Berittenen aufnehmen konnten, lag im Wesentlichen an der taktischen Formation des Gevierthaufens, die von den Schweizern entwickelt und von den Landsknechten perfektioniert worden war: Die mit langen Spießen bewaffneten Fußsoldaten formierten sich zu einem Karré oder Kreis, die in der Defensive nach allen Seiten verteidigungsfähig und mit Berittenen nicht zu überrennen waren. […] Am ehesten ließen sich diese Gevierthaufen mit vor der eigenen Front positionierter Artillerie aufbrechen; wenn sich der geschlossene Truppenkörper unter Beschuss aufzulösen begann, konnte man ihn mit einer Reiterattacke zersprengen. Um die Artillerie aber effektiv zum Einsatz bringen zu können und zu verhindern, dass sie ihrerseits vom anstürmenden Gegner überrannt wurde, brauchte man eigene Fußtruppen. Das hatte zur Folge, dass nur noch Heere, die sowohl über Fußtruppen als auch Berittene und Artillerie verfügten, einen erfolgreichen Feldzug führen konnten. […]

Solche Kriege konnten letztlich nur noch Staaten führen, die in der Lage waren, auf der Basis eines seit dem 15. Jahrhundert kontinuierlich gesteigerten Steueraufkommens die erforderlichen Finanzmittel auch über längere Zeiträume bereitzustellen, und denen es allmählich gelang, den Krieg, der unter den Condottieri zu einem Bestandteil des Wirtschaftlebens geworden war, wieder unter ihre politische Direktionsgewalt zu bringen. Die Größe des Herrschaftsgebiets, der Grad, in dem die Herrschaftsausübung zentralisiert worden war, und die Höhe des Steueraufkommens gaben von nun an den Ausschlag im europäischen Kriegsgeschehen.

Herfried Münkler, Die neuen Kriege, Hamburg 2002, S. 64 f., 92 ff. und 96 f.

Arbeitsvorschläge

1. Stellen Sie anhand von M 4 bis M 6 dar, inwiefern Johannes Gutenbergs Erfindung des Buchdrucks als technologische Revolution der Frühen Neuzeit angesehen werden muss.
2. Fassen Sie die Argumente der Papstbulle gegen den Buchdruck (M 6) zusammen. Überlegen Sie anschließend, welche weiteren Beweggründe den Papst zu deren Erlass veranlasst haben könnten.
3. Setzen Sie sich mit den Thesen von Mitterauer kritisch auseinander (M 7).
4. Beurteilen Sie, welche Bedeutung Büchern (und somit auch der Erfindung des Buchdrucks) in der Vergangenheit zugemessen wurde und in der heutigen Zeit noch zugemessen werden muss.
5. Erläutern Sie die in M 8 beschriebenen Fortschritte. Bewerten Sie diese unter Rückgriff auf Ihre Erkenntnisse aus Kapitel 1.1.
6. Bewerten Sie die Bedeutung und die Folgen des Aufkommens des Landsknechts- und Söldnerwesens im 15./16. Jahrhundert (M 9 – M 12).

2.2 Veränderungen im Weltbild – der Humanismus

Aufbruch in eine neue Zeit

„Jetzt fahren wir heraus ... in großer Fahrt. Denn die alte Zeit ist herum, und es ist eine neue Zeit. Seit hundert Jahren ist es, als erwarte die Menschheit etwas ... Die Städte sind eng, und so sind die Köpfe. Aberglauben und Pest. Aber jetzt heißt es: Da es so ist, bleibt es nicht so. Und es ist eine große Lust aufgekommen, die Ursachen aller Dinge zu erforschen ... Denn wo der Glaube tausend Jahre gesessen hat, eben da sitzt jetzt der Zweifel." So lässt der deutschen Schriftsteller Bertolt Brecht in fiktiver Weise Galileo Galilei (1564–1642) in seinem gleichnamigen Stück sprechen. Mit diesen wenigen Worten umreißt Galilei den Geist einer Epoche, an deren Ende er steht. Sie ist geprägt vom Dualismus althergebrachter (mittelalterlicher) Traditionen und Lebensweisen und weist vor allem am Beispiel einzelner herausragender und mutiger Persönlichkeiten in die Zukunft. Das 15. Jahrhundert ist eine Zeit des Umbruchs. Das Fortbestehen mittelalterlicher Strukturen darf nicht geleugnet werden. Dennoch beginnt ausgehend von oberitalienischen Städten etwas Neues.

Renaissance – Wiedergeburt der Antike

Die alte Zeit sieht Galilei geprägt von „Aberglauben und Pest" und gerade sie sind die Basis für den Wunsch nach Veränderung für den „Zweifel", den er als Grundlage der Entwicklung ansieht. Im Zweifel schauten die Gebildeten der Zeit zurück auf die Antike. Aus diesen Anregungen entstand im 15. Jahrhundert eine große Teile der intellektuellen und sozialen Führungsschichten Europas erfassende geistige und ästhetische Erneuerungsbewegung. Der italienische Schriftsteller Giorgio Vasari prägte dafür den Begriff der „rinascita", der Wiedergeburt. Daran anknüpfend benannten Historiker des 19. Jahrhunderts diese Epoche mit dem Begriff „Renaissance". Charakteristisch für diese Zeit ist das neue Menschenbild, das den Menschen als ein eigenverantwortliches, schöpferisches Individuum entdeckte, das nicht mehr nur für Gott da war und das die engen geistigen Grenzen der Jahrhunderte seit Ende der Antike – eben das „Mittelalter" – überwunden hatte.

Um aber Anteil an den Schätzen antiker Lebensart, Weisheit, Kunst und Wissenschaft zu erlangen, war die Kenntnis der antiken Kultursprachen Latein und Griechisch unerlässlich. „Ad fontes!" – „Zurück zu den Quellen!" – war daher eine zentrale Parole der Gelehrten (▶ M8). Die Texte der Bibel oder die Werke Aristoteles, die man bisher nur in lateinischen Übersetzungen kannte, wurden nun im griechischen und hebräischen Original studiert.

Humanismus

Dieses an der Antike orientierte Bildungsideal wurde – ebenfalls im 19. Jahrhundert – mit dem Begriff „Humanismus" zusammengefasst. Der Humanismus war vor allem eine literarische Bewegung, die im Wesentlichen auf eine kleine Schicht von Intellektuellen beschränkt blieb. Die Humanisten konzentrierten ihre Studien auf Geschichte, Rhetorik, Philologie und Philosophie und dachten über richtiges und falsches Verhalten nach. Letzteres findet noch heute Niederschlag in unserem Begriff von Humanität. Zu den berühmtesten Humanisten zählte Erasmus von Rotterdam (1466–1536), ein unabhängiger Gelehrter und Verfasser viel gelesener Bücher, der von den Einnahmen aus seinen Büchern leben konnte (▶ M8, M9).

Wichtige Keimzellen humanistischen Gedankenguts waren die Universitäten. Der Austausch zwischen Studenten und Professoren aus verschiedenen Regionen sorgte für eine ständige Vertiefung und Verbreitung humanistischen Denkens. Die humanistische Bewegung verlieh der Bildung im 16. Jahrhundert ein neues und größeres Prestige. Das kirchliche Bildungsmonopol der mittelalterlichen Kirche wurde zunehmend durch städtische Lateinschulen durchbrochen. (**Online-Link** 430048-0000)

Neben dem traditionellen Bildungsprogramm wurden jetzt Inhalte vermittelt, die wichtig für die Stadtbürger waren – neben Lesen, Schreiben und Rechnen auch geschichtliche und geografische Stoffe.

Das alte Weltbild des Ptolemäus

Bereits in der Antike hatten einige Menschen die Auffassung vertreten, dass die Sonne im Mittelpunkt des Planetensystems stehe und sich die Erde wie auch alle anderen Planeten um diese drehe. Dagegen vertrat der griechische Philosoph Aristoteles (384–322 v. Chr.) die Ansicht, dass die Erde der Mittelpunkt des Kosmos sei. Diese Theorie wurde von dem im 2. Jahrhundert n. Chr. in Alexandria tätigen Astronomen Claudius Ptolemäus ausgearbeitet und sollte sich im Laufe der Jahrhunderte durchsetzen. Ihr zur Folge war der Kosmos in zwei Bereiche – und zwar den irdischen und den himmlischen – unterteilt, und durch die Sphäre des Mondes getrennt. In dem himmlischen Bereich, in dem göttliche Vollkommenheit und Unveränderlichkeit herrschte, drehten sich demnach auf konzentrischen, durchsichtigen und festen Kugelschalen (Sphären) alle anderen Himmelskörper – also auch die Sonne – um die Erde, welche stillstehend wiederum den Mittelpunkt des Universums bildete (geozentrisches Weltbild). Dieser Vorstellung weiter zur Folge wurden diese Himmelskörper wiederum durch einen alles umfassenden göttlichen Beweger am Laufen gehalten.

Das neue Weltbild des Kopernikus

Dieses geozentrische Weltbild blieb bis in die frühe Neuzeit gültig, entsprach es doch den Vorstellungen der Bibel und katholischen Kirche, denen zur Folge der Mensch als göttliches Geschöpf auch im Zentrum dieses göttlich geschaffenen Universums leben musste. An diesem Weltbild zu zweifeln bedeutete, Gott und somit die gesamten Glaubensgrundsätze der christlichen Religion infrage zu stellen. Als Erster wagte dies der Astronom und Mathematiker Nikolaus Kopernikus, dem während seines Studiums in Krakau und an italienischen Universitäten Zweifel kamen, dass die Erde der Mittelpunkt des Kosmos sei. Ihm fiel auf, dass die Planetenbahnen nicht genau kreisförmig verliefen und sich die Gestirne mit unterschiedlichen Geschwindigkeiten bewegten.

Aufgrund von jahrelangen Himmelsbeobachtungen und Berechnungen sowie auf der Basis griechischer Texte aus hellenistischer Zeit kam Kopernikus letztendlich zu dem Ergebnis, dass eben nicht die Erde, sondern die Sonne fest im Mittelpunkt des Universums stehen müsse. Dieser „neuen" heliozentrischen Theorie zur Folge kreiste die um sich selbst rotierende Erde mit anderen Planeten um ebenjene feststehende Sonne. Allerdings hielt Kopernikus weiter an der Existenz von unsichtbaren, aber festen Sphären fest, und auch die Vorstellung eines

1 Mittelalterliches Weltbild
Holzschnitt aus „Himmelskunde für das Volk – Die Atmosphäre" von Camille Flammarion 1888.
Die Abbildung entstand zu einer Zeit, als sich die Vorstellung des „dunklen Mittelalters" herausbildete, demnach die antike Bildung infolge der Völkerwanderung und der dogmatischen Zensur der christlichen Kirche verschwunden und erst durch die Renaissance „wiederentdeckt" worden sei.

Un missionnaire du moyen âge raconte qu'il avait trouvé le point où le ciel et la Terre se touchent...

unendlichen Universums und des leeren Raums lag ihm völlig fern.
Mit seiner Theorie, die erst kurz vor seinem Tod veröffentlicht wurde, schuf Kopernikus dennoch die Grundlage für das wissenschaftliche Weltbild der Neuzeit. Sein Name steht mit der „kopernikanischen Wende" daher sprichwörtlich für eine tief greifende Wandlung auf wissenschaftlichem Gebiet.

Reaktion zeigenössischer Gelehrter
Bestärkt wurde Kopernikus nach seinem Tode durch den italienischen Mathematiker, Physiker und Astronom Galileo Galilei (1564 – 1642), welcher mithilfe eines neu entwickelten Fernrohrs und Beobachtungen des Nachthimmels die Theorie des Kopernikus bestätigte. Andere zeitgenössische Gelehrte jedoch lehnten die Theorie des Kopernikus ab, da sie ihren augenscheinlichen Erfahrungen eklatant widersprach. So hielt der dänische Astronom Tycho Brahe (1546 – 1601) weiterhin am geozentrischen Weltbild fest – obgleich nach umfangreichen Beobachtungen und Messungen durch die Erkenntnis modifiziert, dass es keine undurchdringlichen Sphären am Himmel gab. Damit schuf Brahe wiederum die Voraussetzungen für die genaue Berechnung der Planetenbahnen durch Johannes Kepler (1571 – 1630), nach dessen Berechnungen sich die nun von den vorgestellten Sphären befreiten Planeten nicht kreisförmig, sondern elliptisch um die Sonne bewegten und deren Geschwindigkeit von ihrer sich ständig ändernden Entfernung zur Sonne abhing.

Reaktion der Kirche
Die Theorie Galileis widersprach aber allen biblischen Vorstellungen zum Schöpfungsprozess der Erde und forderte somit die Autorität der Kirche heraus. Mit der Aufgabe des geozentrischen Weltbildes verlor in ihren Augen auch der Mensch seine Bedeutung als Krone der göttlichen Schöpfung, die ihm von der christlichen Theologie jahrhundertelang eingeräumt worden war. Daher wurde die kopernikanische Theorie von kirchlichen Vertretern grundlegend abgelehnt. Hatte Kopernikus noch bis zu seinem Tode aus Angst vor der Inquisition gezögert, seine Auffassungen vom Wesen des Universums zu publizieren, so mussten sich in den folgenden 200 Jahren auch alle diejenigen, die sich zum heliozentrischen Weltbild bekannten, mit kirchlicher Kritik und Verfolgung rechnen.

Ketzerprozess gegen Galilei
Als Galilei seine Erkenntnisse seinerseits schließlich veröffentlichte, reagierten die kirchlichen Autoritäten mit Gegenmaßnahmen. Galilei wurde 1616 vom höchsten kirchlichen Gericht ermahnt, seine astronomischen Ansichten aufzugeben (▶ M 2). Obwohl er mit den kirchlichen Autoritäten immer wieder das Gespräch suchte, wurde Galilei 1632 nach Rom zitiert, von dem Inquisitionstribunal als Ketzer angeklagt und ihm 1633 der Prozess gemacht. Unter Androhung der Folter und um dem Tod auf dem Scheiterhaufen zu entgehen, widerrief Galilei letztendlich alle seine Erkenntnisse. Dennoch wurde er zu lebenslanger Haft verurteilt, die später in Hausarrest umgewandelt wurde. Galileis wissenschaftliche Schriften wurden infolge verboten und verbrannt. Er selbst verbrachte seine letzten Lebensjahre verbittert und isoliert. So bestimmte das geozentrische Weltbild weiterhin lange Zeit das Bewusstsein der Menschen. Erst im 18. Jahrhundert begann sich das heliozentrische Weltbild allmählich durchzusetzen. Derweil bekannte sich die katholische Kirche mit einer posthumen Rehabilitation Galileis aber erst im Oktober 1992 öffentlich zu ihrem Fehlurteil.

2 Galileo Galilei vor der Inquisition im Vatikan (12. April–22. Juni 1633)
Ölgemälde (196,5 x 308) von Joseph Nicolas Robert-Fleury (1797–1890), gemalt 1847. Musée du Louvre, Paris

3 Menschen- und Weltbilder

a) Papst Innozenz III. (1198–1216) über den Menschen:

Wer gibt meinen Augen den Tränenquell, dass ich beweine den bejammernswerten Eintritt in das menschliche Dasein, beweine das schuldhafte Fortschreiten menschlichen Lebens, beweine das verdammenswerte Ende menschlicher Vernichtung? […] Aus Erde geschaffen, in Schuld empfangen, zur Strafe geboren, tut der Mensch Böses, was er nicht soll, Verwerfliches, was sich nicht ziemt, Nutzloses, was sich nicht lohnt, wird er Nahrung für das Feuer, Köder für den Wurm, ein Haufen Dreck. […] Geschaffen ist der Mensch aus Staub, aus Lehm, aus Asche. […] Empfangen ist er […] im Sumpf der Sünde. Geboren ist er für die Qual, für die Furcht, für den Schmerz und was noch elender ist: für den Tod.

Zit. nach: Arnold Bühler, Imago Mundi, in: Geschichte in Wissenschaft und Unterricht 41, 1990, S. 485.

b) Die Beschäftigung der Humanisten mit der antiken Philosophie veränderte die Vorstellungen vom Menschen. Die Loslösung vom altchristlichen Weltbild wurde in Italien von Giovanni Pico della Mirandola (1463–1494) gefordert. Dieser war ein Kenner der Antike und der arabischen Philosophie und Naturwissenschaft. In Konflikt mit der Kurie geriet er, als er seine Thesen in Rom öffentlich diskutieren wollte. Seine geplante Eröffnungsrede „De hominis dignitate (Über die Würde des Menschen)" wurde deshalb nie gehalten. Mächtige Gönner stützten ihn nach der päpstlichen Bannung.

Ich habe mich denn schließlich um die Einsicht bemüht, warum das glücklichste und aller Bewunderung würdigste Lebewesen der Mensch sei und unter welchen Bedingungen es möglich sein konnte, dass er aus der Reihe des Universums hervorschritt, beneidenswert nicht nur für die Tiere, sondern auch für die Sterne, ja sogar für die überweltlichen Intelligenzen. Geht das doch fast über den Glauben hinaus, so wunderbar ist es. […]

Schon hatte Gottvater, der höchste Baumeister, dieses Haus, die Welt, die wir sehen, als erhabensten Tempel der Gottheit nach den Gesetzen verborgener Weisheit errichtet. Den Raum über den Himmeln hatte er mit Geistern geschmückt, die Sphären des Äthers mit ewigen Seelen belebt, die kotigen und schmutzigen Teile der unteren Welt mit einer Schar Lebewesen aller Art gefüllt. Aber als das Werk vollendet war, wünschte der Meister, es gäbe jemanden, der die Gesetzmäßigkeit eines so großen Werkes genau erwöge, seine Schönheit liebte und seine Größe bewunderte. Daher dachte er, als schon alle Dinge […] vollendet waren, zuletzt an die Erschaffung des Menschen. Es gab aber unter den Archetypen keinen, nach dem er einen neuen Spross bilden konnte, unter den Schätzen auch nichts, was er seinem neuen Sohn als Erbe schenken konnte, und es gab unter den Plätzen der ganzen Erde keinen, den der Betrachter des Universums einnehmen konnte. Alles war bereits voll, alles den oberen, mittleren und unteren Ordnungen zugeteilt. Aber es hätte nicht seiner Weisheit entsprochen, bei der letzten Schöpfung gewissermaßen aus Erschöpfung zu verzagen; es hätte nicht seiner Weisheit entsprochen, aus Ratlosigkeit in einer unumgänglichen Angelegenheit unschlüssig zu sein; nicht hätte es seiner wohltätigen Liebe entsprochen, dass der, der die göttliche Großzügigkeit an den anderen loben sollte, gezwungen wäre, sie in Bezug auf sich selbst zu verurteilen.

Endlich beschloss der höchste Künstler, dass der, dem er nichts Eigenes geben konnte, Anteil habe an allem, was die einzelnen jeweils für sich gehabt hatten. Also war er zufrieden mit dem Menschen als einem Geschöpf von un-

2

4 Mittelalterliches Weltsystem nach der Vorstellung des Ptolemäus
Faksimile nach Andreas Cellarii „Harmonia Macrocosmica“ aus dem Jahr 1660.

bestimmter Gestalt, stellte ihn in die Mitte der Welt und sprach ihn so an: „Wir haben dir keinen festen Wohnsitz gegeben, Adam, kein eigenes Aussehen noch irgendeine besondere Gabe, damit du den Wohnsitz, das Aussehen und die Gaben, die du selbst dir aussersiehst, entsprechend deinem Wunsch und Entschluss habest und besitzest. Die Natur der übrigen Geschöpfe ist fest bestimmt und wird innerhalb von uns vorgeschriebener Gesetze begrenzt. Du sollst dir deine ohne jede Einschränkung und Enge, nach deinem Ermessen, dem ich dich anvertraut habe, selber bestimmen. Ich habe dich in die Mitte der Welt gestellt, damit du dich von dort aus bequemer umsehen kannst, was es auf der Welt gibt. Weder haben wir dich himmlisch noch irdisch, weder sterblich noch unsterblich geschaffen, damit du wie dein eigener, in Ehre frei entscheidender, schöpferischer Bildhauer dich selbst zu der Gestalt ausformst, die du bevorzugst. Du kannst zum Niedrigeren, zum Tierischen entarten; du kannst aber auch zum Höheren, zum Göttlichen wiedergeboren werden, wenn deine Seele es beschließt.“

Welch unübertreffliche Großtat Gottvaters, welch hohes und bewundernswertes Glück des Menschen! Dem gegeben ist zu haben, was er wünscht, zu sein, was er will. […] Im Menschen sind bei der Geburt von Gottvater vielerlei Samen und Keime für jede Lebensform angelegt; welche ein jeder hegt und pflegt, die werden heranwachsen und ihre Früchte in ihm tragen. Sind es pflanzliche, wird er zur Pflanze, sind es sinnliche, zum Tier werden. Sind es Keime der Vernunft, wird er sich zu einem himmlischen Lebewesen entwickeln; sind es geistige, wird er ein Engel sein und Gottes Sohn. Wenn er sich nun, mit keinem Los der Geschöpfe zufrieden, ins Zentrum seiner Einheit zurückgezogen hat, wird er, ein Geist mit Gott geworden, in der einsamen Dunkelheit des über allem stehenden Vaters alles überragen.

Norbert Baumgarten (Bearb.), C. Pico della Mirandola, Über die Würde des Menschen, hrsg. und eingeleitet von August Buck, Hamburg, Felix Meiner Verlag, 1990, S. 5–9.

5 Licht und Finsternis

Der Franzose François Rabelais (1494–1553) war als Dichter und Arzt berühmt (Linktipps zu François Rabelais im **Online-Link** 430048-0000). *In Lyon veröffentlichte er medizinische Schriften der Antike und nahm erste Obduktionen vor. Rabelais' Dichterruhm beruht auf seinen Geschichten von dem Riesen Gargantua (Vater) und Pantagruel (Sohn) (veröffentlicht 1532); die Texte enthalten jedoch nicht nur fantastische Elemente, sondern ermöglichen uns manche Einsicht in die Mentalität und Lebenswirklichkeit des 16. Jahrhunderts. So schreibt der Vater an seinen in Paris studierenden Sohn:*

[Es] wird dir nützlich und heilsam sein, wenn du dich daran erinnerst, dass ich nichts an dir gespart, wohl aber alles, was in meinen Kräften stand, für dich getan habe, als hätte ich kein anderes begehrenswertes Gut auf Erden als das eine, noch mit meinen sterblichen Augen dich vollkommen und tüchtig in jeder Tugend, in Redlichkeit, Biederkeit und in allem nützlichen und ehrbaren Wissen zu sehen und dich nach meinem Tode zurückzulassen als einen Spiegel, der meine, Deines Vaters, Persönlichkeit widerstrahlen wird, ein Bild, nicht so rein vielleicht, wie ich wohl wünschte, aber doch voll eifrigen Strebens, es zu werden. Obgleich mein Vater Grandgousier gesegneten Andenkens keine Mühe und Kosten scheute, damit ich mich ausbilden und mir alle zum Leben nötigen Kenntnisse zu Eigen machen könnte, auch mein Fleiß und mein Eifer seinen Wünschen entsprachen, ja wohl noch darüber hinausgingen, so war doch die damalige Zeit, wie du leicht begreifen wirst, den Wissenschaften noch nicht so günstig wie die gegenwärtige […]. Damals lag noch alles in der Finsternis und litt an der Unfruchtbarkeit und Barbarei der Goten, welche alle gute Literatur vernichtet hatten. Aber durch göttliche Gnade wurden während meiner Lebenszeit der Wissenschaft Licht und Würde zurückgegeben, und sie nahm einen solchen Aufschwung, dass ich, der ich als junger Mann nicht mit Unrecht für einen der Gelehrtesten meiner Zeit galt, jetzt kaum in die erste Klasse der Abc-Schüler aufgenommen werden würde. […]

6 Weltsystem nach den Vorstellungen des Kopernikus
Faksimile nach Andreas Cellarii „Harmonia Macrocosmica" aus dem Jahr 1660

Jetzt sind alle Lehrfächer wieder eingeführt, die Sprachen neu belebt: Griechisch, ohne welches heutzutage niemand auf den Namen eines Gelehrten Anspruch erheben kann, Hebräisch, Chaldäisch[1] und Lateinisch. Schöne, einwandfreie Drucke sind überall im Gebrauch, deren Herstellung erst zu meiner Zeit durch göttliche Eingebung erfunden wurde wie umgekehrt die Feuerwaffen durch satanische. Überall findet man eine Menge gelehrter, hoch studierter Professoren, reiche Bibliotheken, und meiner Meinung nach hat es weder zu Platons noch zu Ciceros, noch Papinians[2] Zeiten solche Gelegenheit gegeben, etwas Tüchtiges zu lernen, wie jetzt. Bald wird niemand in irgendeiner Gesellschaft mehr am Platze sein, der sich nicht in Minervas[3] Werkstatt geübt hat; Räuber, Henker, Abenteurer und Stallknechte sind heutzutage gelehrter als die Doktoren und Prediger meiner Zeit. Ja, was soll ich sagen? Frauen selbst und Mädchen streben nach dem Ruhm und himmlischen Manna der Gelehrsamkeit.

So habe auch ich mich trotz meines Alters gemüßigt gesehen, noch Griechisch zu lernen, was ich bis dahin nicht etwa wie Cato verachtet hatte, aber wozu mir in meiner Jugend die Gelegenheit nicht geboten wurde. Darum, mein Sohn, ermahne ich Dich, dass Du Deine Jugend wohl anwendest, um in Wissenschaft und Tugend dazuzulernen. […] Ich setze voraus und will, dass Du die Sprachen gründlich erlernst; erstlich das Griechische, wie Quintilian[4] es verlangt; zweitens das Lateinische, ferner das Hebräische, der Heiligen Schrift wegen, und so das Chaldäische und Arabische gleicherweise. Deinen Stil im Griechischen bilde nach Platon, im Lateinischen nach Cicero. Die Historie musst du unbedingt vollständig im Gedächtnis haben, wozu dir die Kosmographien derer, die darüber geschrieben, von Nutzen sein werden. Für die Freien Künste, für Geometrie, Arithmetik und Musik habe ich dir bereits Geschmack beigebracht, als du noch ein kleiner Bube von sechs Jahren warst. Setze das nun weiter fort und erlerne die Astronomie in all ihren Gesetzen. Aber um die wahrsagerische Astrologie und um die Kunst des Lullius[5], welche nichts als Irrwahn und Torheit ist, bekümmere dich nicht. Vom Zivilrecht will ich, dass du die trefflichen Texte auswendig wissest und sie philosophisch zu analysieren verstehst. Es ist mein Wunsch, dass du dich mit den Dingen der Natur eingehend beschäftigst, sodass es kein Meer, keinen Fluss, kein Bächlein gebe, von dem du die Fische nicht kenntest. Kein Vogel der Luft, kein Baum oder Strauch, keine Staude, kein Kraut des Feldes, kein Metall im Schoß der Erde, kein Edelstein des Morgen- oder Mittaglandes darf dir unbekannt bleiben. Sorgfältig durchforsche die Schriften der griechischen, arabischen und lateinischen Ärzte und vernachlässige auch nicht die Talmudisten[6] und Kabbalisten[7]. Durch häufige Übungen in der Anatomie erwirb dir eine umfassende Kenntnis der kleinen Welt, Mensch genannt. Jeden Tag verwende einige Stunden darauf, die Heilige Schrift zu studieren, zuerst in griechischer Sprache das Neue Testament und die apostolischen Briefe, dann in hebräischer Sprache das Alte Testament. In summa, mache dich zu einem Abgrund des Wissens; denn bist du erst älter und ein Mann geworden, so ist es mit dem ruhigen und friedlichen Studium für dich vorbei, und du musst dann das Ritterwesen und das Waffenhandwerk erlernen, damit du mein Haus verteidigen und unseren Freunden in ihren Kämpfen gegen die Angriffe Übelgesinnter beistehen kannst. Und um es kurz zu sagen, ich will, dass du auch zeigest, was du gelernt hast, welches nicht besser geschieht, als wenn Du öffentlich mit und gegen jedermann disputierst und mit den gelehrten Leuten sowohl in Paris als an anderen Orten lebhaften Verkehr unterhältst. […] Und wenn du zu der Einsicht gekommen sein wirst, dass du alles gelernt hast, was du dort lernen konntest, so kehre heim zu mir, damit mein Auge dich noch einmal sehe und ich dir meinen Segen gebe, bevor ich sterbe. Dein Vater Gargantua

François Rabelais, Gargantua und Pantagruel. Hrsg. von Horst und Edith Heintze, Frankfurt a. M. 1974. Bd. 1, S. 216–220.

7 Darstellung des Kardinals Bessarion als Kirchenvater Augustinus von Vittore Carpaccio, 1502
(Informationen zu Bessarion und Carpaccio im **Online-Link** 430048-0000)

b) Der Humanist Marsilio Ficino (1433–1499) schreibt über das Idealbild eines humanistischen Gelehrten:

Der humanistische Gelehrte umspannt den Himmel und die Erde; er lotet die Tiefen des Tartarus [Unterwelt in der griechischen Mythologie] aus. Weder ist ihm der Himmel zu hoch noch die Mitte der Erde zu tief. Er hat das Himmelsgewölbe vermessen und kennt die Kräfte, die es bewegen, ihre Bestimmung und ihre Wirkung und hat ihren Umfang berechnet. Wer wollte also leugnen, dass sein Genius dem Schöpfer der Himmelskörper fast gleichkommt und dass er, auf seine Weise, möglicherweise imstande ist, sie nachzuschaffen. Der Mensch will keinen über sich und keinen neben sich. Er wird das Dasein einer Oberherrschaft, die ihn ausschließt, nicht dulden. Vielmehr sucht er überall die Dinge zu beherrschen und verlangt für seine Arbeit Dank. Seine Überlegenheit auf allen Gebieten ist wie die Gottes. Und wie Gott, so beansprucht er Unsterblichkeit.

1 Sprache der Bewohner Mesopotamiens in der ersten Hälfte des ersten Jahrtausends v. Chr.
2 Beamter und Jurist Anfang des 3. Jahrhunderts n. Chr.
3 Göttin der Kunst und des Handwerks.
4 Römischer Rhetoriker um 35–100 n. Chr.
5 Raymundus Lullius (1233–1316), umstrittener Theologe und Philosoph, der sich intensiv mit nicht christlichen Religionen und Kulturen befasste.
6 Kenner der jüdischen Kommentare zu den Vorschriften des Alten Testaments, die im sogenannten Talmud im 4.–5. Jahrhundert n. Chr. gesammelt worden sind.
7 Jüdische Mystiker des Mittelalters.

Zit. nach: Erich Lessing, Die italienische Renaissance, München 1983, S. 40.

8 Ad fontes (Zu den Quellen) – neue Formen der Textkritik

Der humanistische Gelehrte Erasmus von Rotterdam (1466–1536), der nach seinem Theologiestudium in Paris viele europäische Länder bereiste, warb für eine Erneuerung des Christentums und sah in der Einheit von humanistischer Bildung und Christentum die Basis für die Erneuerung von Politik und Gesellschaft. In seiner Vorrede zur kritischen Ausgabe des griechischen Neuen Testaments heißt es (1516):

Ich habe nur wiederhergestellt, was durch die Zeit und die Schuld der Abschreiber verdorben worden war, indem ich dabei auch anführte, was der Übersetzer zweideutig oder zu wenig genau wiedergab; denn ich schäme mich fast, es zu sagen: An einigen Stellen hat, so sehr er sich auch davor sicher glaubte, sogar Hieronymus nicht richtig übersetzt. Und das habe ich nicht, wie man so sagt, mit leichter Hand und unbesonnen getan, sondern, nachdem ich […] die lateinischen Exemplare aufgrund des griechischen Originals geprüft und mich nicht dabei auf wenige oder beliebige verlassen hatte. Laurentius Valla versichert, sieben glaubwürdigen Codices gefolgt zu sein; ich habe bei der ersten Untersuchung vier, bei der zweiten fünf griechische Quellen benutzt. […] Dann habe ich einige sehr alte und gereinigte lateinische Vorlagen befragt und damit nicht zufrieden, die berühmtesten Autoren durchforscht und untersucht, um aufs Genaueste zu beobachten, wen sie zitieren, was sie gelesen haben, wie sie verbessern und auslegen. Und nachdem ich dies alles mit der größten Sorgfalt und Treue verglichen und überdacht hatte, bin ich dem gefolgt, was mir das Beste schien, und habe es so der Öffentlichkeit vorgelegt, dass es dennoch jeder überprüfen kann. Wenn man aber befürchtet, dass das Ansehen der Heiligen Schrift durch diese Abweichungen in Zweifel gezogen wird, so möge man nur wissen, dass schon seit mehr denn tausend Jahren weder die lateinischen noch die griechischen Handschriften in allem untereinander übereinstimmen. Das kann ja auch gar nicht anders sein bei der so großen Menge von Abschreibern, mehr noch angesichts ihrer Unwissenheit, Trägheit und Unbesonnenheit.

Zit. nach: August Buck, Humanismus. Seine europäische Entwicklung in Dokumenten und Darstellungen, Freiburg/München 1987, S. 248.

9 Christentum und Antike

a) In seinem Buch „Convivium religiosum" (Frommes Gastmahl) schreibt Erasmus von Rotterdam:

Der Heiligen Schrift gebührt zwar überall die höchste Autorität. Trotzdem finde ich häufig genug in den Aussprüchen und Schriften der heidnischen Schriftsteller, zumal der Dichter, so viel Keusches, Heiliges und Göttliches, dass ich mir nichts anderes vorstellen kann, als ein guter Geist habe ihr Herz geleitet, als sie es niederschrieben. Und vielleicht ergießt sich der Geist Christi weiter, als wir in unserer Schulweisheit denken, und es gibt in der Gemeinschaft der Heiligen viele, die nicht in unserem Kalender stehen. [...]

In dieser Hinsicht habe ich bei den heidnischen Schriftstellern nie etwas gelesen, das besser auf einen wahren Christen passt, als die Worte, die Sokrates zu Kriton sagte, nachdem er den Giftbecher getrunken hatte: Ob Gott an unserem Tun Gefallen finden wird, weiß ich nicht; jedenfalls haben wir uns ernstlich bemüht, ihm zu gefallen. So habe ich denn gute Hoffnung, dass er unser Mühen gut aufnehmen wird. Sein ganzes Sinnen und Trachten war darauf gerichtet, dem Willen Gottes zu entsprechen. Er setzte aber sein Vertrauen nicht auf seine Werke, sondern gab sich der guten Hoffnung hin, Gott werde in seiner Güte es ihm zum Guten anrechnen, dass er sich um ein tugendhaftes Leben bemüht habe.

Zit. nach: August Buck: Humanismus. Seine europäische Entwicklung in Dokumenten und Darstellungen, Freiburg/München 1987, S. 239.

b) Auszug aus den „Sechs Büchern von den Schönheiten der lateinischen Sprache" des italienischen Humanisten Lorenzo Valla (1407–1457) – einem der Ersten, die die antiken Texte und auch die Bibel kritisch untersucht haben –, in dem er sich mit Bezug auf den Heiligen Hieronymus gegen den Vorwurf wehrt, zum Studium der klassischen heidnischen Werke der Beredsamkeit aufgefordert zu haben, ca. 1440:

Ich weiß, dass einige Leute – zumal solche, die sich für besonders heilig und religiös halten – es wagen werden, diesen meinen Unterricht und meine Arbeit, in der ich die anderen Menschen ermahne, weltliche Bücher zu lesen, als eines Christenmenschen unwürdig zu verurteilen. Hieronymus bekennt nämlich, dass er vor dem göttlichen Tribunal gegeißelt worden sei, weil er allzu eifrig die weltlichen Bücher gelesen habe, und dass er angeklagt worden sei, ein Ciceronianer und kein Christ zu sein (als ob er nicht gläubig und doch ein Ciceronianer sein könnte): Schließlich habe er geschworen – und das mit fürchterlichem Eide – die weltlichen Bücher fortan nicht mehr zu lesen.

Der Tatbestand dieses Vergehens trifft genauso auf die gegenwärtige Arbeit zu wie auf mich und die übrigen Schriftsteller, deren Eifer und Gelehrsamkeit in den weltlichen Schriften man missbilligt.

Antworten wir also ihren Anschuldigungen und erheben wir nun unsererseits Anklage gegen sie: [...]

Nachdem er [Hieronymus] nämlich das zarte Knabenalter mit der gesunden Nahrung der heiligen Schriften genährt und sich in der von ihm verachteten Wissenschaft gestärkt hat und schon außer Gefahr war, ist er zur Lektüre der Heiden zurückgekehrt, entweder um sich ihre Beredsamkeit zu leihen oder um, was sie gut sagen, zu loben, was schlecht zu tadeln – wobei er gleichzeitig dem schön Gesagten zustimmte. [...]

Nicht die Sprache der Heiden, nicht ihre Grammatik, nicht die Redekunst, nicht die übrigen Künste muss man verdammen – wo doch die Apostel griechisch geschrieben haben –, sondern die Grundsätze, die Religionen, den falschen Glauben über das Tätigsein der Tugenden: Dadurch kommen wir in den Himmel. [...]

10 Universität Helmstedt, Foto 2009 (Linktipps zur Helmstedter Universität im **Online-Link** 430048-0000). Hier arbeitete auch für einige Jahre der Humanist Giordano Bruno (1548–1600) und verfasste dort 1584 das Buch *De l'infinito, universo e mondi (deutsch: Über das Unendliche, das Universum und die Welten)*

Ich kann mich nicht enthalten, das zu sagen, was ich empfinde: Die alten Theologen [= die genannten spätantiken Kirchenväter, die antike und christliche Literatur miteinander verbanden] scheinen mir wie die Bienen zu sein, die auch im weiten Land umherschwirren und dabei den süßesten Honig und Wachs wunderbar kunstfertig zusammentragen; die neueren Theologen [die Scholastiker] dagegen sind den Ameisen ähnlich, die diebisch aus der Nachbarschaft Körner geholt haben und in ihren Schlupfwinkeln verbergen. Aber ich, was mich betrifft, will nicht nur lieber eine Biene als eine Ameise sein, sondern sogar lieber unter der Herrschaft der Bienen dienen, als ein Heer der Ameisen führen. Wir hoffen, dass dies von den jungen Menschen, die guten Willens sind, gebilligt wird – denn bei den Alten ist dies nicht zu erhoffen.

Zit. nach: Europäische Geschichte in Quellen und Materialien, hrsg. v. Hagen Schulze u. Ina Ulrike Paul, München 1994, S. 805–809. Übers. Linda Bränz

11 Ein humanistischer Student

Der im elsässischen Schlettstadt geborene Reformator Martin Bucer (1491–1551) schreibt in einem Brief an den humanistischen Gelehrten Beatus Rhenanus[1] über seine Studienzeit in Heidelberg (1518):

Wahrlich, Du bist doch immer derselbe, mein liebenswürdiger Beatus, dass Du meinen Brief mit den von mir in so elende Sprachlumpen gekleideten Thesen Luthers[2] mit keineswegs grimmiger Miene aufgenommen hast, den Dank nach dem guten Willen des Schenkenden, nicht nach dem Wert des Geschenks bemessend. […] [Da] ich das Zeug in Windeseile zusammengeschrieben habe, weiß ich selbst am besten, dass kein einziger Satz darin ohne sprachliche Fehler ist. […]

Was Du ferner schreibst, draußen in der Welt beginne die Philosophie zu blühen und die Scholastiker würden ungeheuer ausgelacht, das war mir ein rechter Freudenkitzel, und ich hoffe, bald werden endlich auch unsere Landsleute wieder zur Vernunft kommen, die bisher noch so krampfhaft an ihrer Barbarei und Scholastik festhalten. Immerhin habe ich meine Heidelberger Patres schon so weit gebracht, dass ich zuerst über das *Lob der Torheit* des Erasmus, dann auch über seine *Friedensklage* unseren Studenten Vorlesung gehalten habe. Der Prior nämlich begünstigt diese Initiative. […]

Schließlich treibe ich auch, soweit es geht, etwas Griechisch; der Prior erlaubt mir, jeden zweiten Tag zu Johannes Brenz[3] zu gehen, einen hochbegabten und erstaunlich gebildeten jungen Mann, der unter Johannes Oecolampadius[4] außerordentliche Fortschritte gemacht hat. Dieser Tage hat er mir und zwei anderen Philosophen Platos *Gastmahl* erklärt. Um Dir ein Probestück dieses Kollegs vorzulegen, will ich Dir daraus ein Problem, über das ich in den *Adagio* des Erasmus gestolpert bin, unterbreiten mit der Bitte, ob Du es mir, wenn Du Zeit findest, beheben kannst. […]

[1] Aus Schlettstadt stammender deutscher Humanist, 1485–1547; er arbeitete seit 1511 mit dem Basler Buchdrucker Johannes Froben an der Herausgabe klassischer Werke.
[2] Bucer war Dominikanermönch, studierte in Heidelberg und hörte dort eine Disputation Luthers, die ihn zu seinem Anhänger machte. Über dieses Erlebnis hatte er einen Bericht an Beatus Rhenanus geschrieben, auf den er sich hier bezieht.
[3] Johannes Brenz. 1499–1570. deutscher Reformator.
[4] Johannes Oecolampadius, 1482–1531. Prediger in Basel, half Erasmus bei der Herausgabe des griechischen Neuen Testaments.

Geschrieben in Frankfurt, am 14. September 1518, im Lärm der auf Geheiß des reizenden Herrn Froben stattfindenden Buchmesse.

12 Die Renaissance – nichts für Frauen?

Die amerikanische Historikerin Margaret L. King fragt nach der Rolle der Frauen in der Renaissance, 1990:

Der Mann der Renaissance hat viele, klar umrissene Gesichter. […] Die Frau hingegen bleibt konturenlos. Männer konnten Fürsten oder Soldaten, Künstler oder Humanisten, Kaufleute oder Geistliche, Gelehrte oder Abenteurer sein. Frauen waren nur selten in solchen Rollen zu finden – und wenn, dann waren diese nicht bestimmend für ihre Identität. Die Frau konnte nur Mutter, Tochter oder Witwe, Jungfrau oder Dirne, Hexe oder Heilige, Maria, Eva oder Amazone sein. All diese Identitäten, die ausschließlich durch ihre Geschlechtszugehörigkeit definiert waren, absorbierten sie völlig und erstickten jegliches andere Selbst, auf das sie hätten Anspruch erheben können. Über die gesamte Zeit der Renaissance hinweg sollte die Frau kämpfen, um eine Identität zu finden und sie zum Ausdruck zu bringen – doch ohne Erfolg. Denn am Ende der Epoche ist ihre gesellschaftliche und kulturelle Rolle mehr denn je durch ihr Geschlecht bestimmt, und ihre Situation hat sich keinesfalls verbessert, sondern im Gegenteil sogar verschlechtert. […]

Trotz der großen künstlerischen und intellektuellen Leistungen, die die Renaissance hervorgebracht hat, grassierte in dieser Epoche die Furcht vor allem Unbekannten, wurde den orthodoxen kirchlichen Lehren weiterhin mit Gewalt Geltung verschafft. […] Die hysterischen Ängste gipfelten schließlich im Hexenwahn, dessen Opfer zumeist Frauen wurden. Selbst wenn man alle anderen Indikatoren außer Acht ließe, so wären allein schon die von der kirchlichen Inquisition gegen Frauen begangenen Grausamkeiten Beweis genug dafür, dass das Zeitalter der Renaissance im Hinblick auf das weibliche Geschlecht keinesfalls diesen Namen verdient.

Margaret L. King, Die Frau. In: Der Mensch der Renaissance, hrsg. v. Eugenio Garin, Frankfurt a. M./New York 1990, S. 282–340; hier S. 282 u. 315.

13 Brauchen Frauen Bildung?

a) In einem Dialog zwischen einem Abt und einer gebildeten Frau äußert sich Erasmus von Rotterdam zur Bildung der Frauen:

Antronius: Der gemeine Mann empfindet es als etwas Seltsames und Ungewohntes, dass eine Frau Latein könne. Magdala: Was zitiert Ihr den gemeinen Mann, die Menge, diesen geborenen Feind alles Guten? Was die Gewohnheit, die Lehrmeisterin aller schlimmen Dinge? Man muss sich an das Beste gewöhnen; dann wird zur Gewohnheit, was ungewohnt war, angenehm, was unangenehm war, geziemend, was für unziemlich galt. Antronius: Ich höre staunend zu. Magdala: Geziemt es sich, dass eine deutsche Frau Französisch lerne? Antronius: Ganz gewiss. Magdala: Weshalb? Antronius: Damit sie mit denen sich unterhalten kann, die Französisch reden. Magdala: Und für mich soll es unpassend sein, dass ich Latein lerne, um täglich mit so manchem Autor, so beredten, gelehrten, weisen, treuen Beratern Zwiesprache zu halten? Antronius: Die Bücher nehmen den Frauen viel von ihrem Hirnschmalz, von dem sie ohnehin zu wenig haben. Magdala: Wie viel Ihr davon besitzt, weiß ich nicht; jedenfalls will ich das, was mir beschert ist, lieber bei guten Studien aufbrauchen als bei sinnlos hergesagten Gebeten, nächtlichen Schmausereien und dem Leeren tüchtiger Humpen. […] In Spanien und in Italien gibt es nicht wenige [gebildete] Frauen, namentlich unter den Vornehmen, die es mit jedem Manne aufnehmen könnten; in England nenne ich die Frauen aus dem Hause Morus[1], in Deutschland die Pirckheimer'schen[2] und die Blaurer'schen[3].

Zit. nach: August Buck: Humanismus. Seine europäische Entwicklung in Dokumenten und Darstellungen. Freiburg/München 1987. S. 172.

b) Der spanische Humanist Juan Luis Vives schreibt 1523 in seinem Buch über die „Unterweisung der christlichen Frau":
Vielen sind gelehrte Frauen verdächtig. Sie meinen, es komme bei solchen zur natürlichen bösen Anlage noch das Hilfsmittel der Bildung hinzu, um sie raffiniert zu machen. Sie bedenken nicht, dass aus demselben Grunde auch für den Mann die Bildung bedenklich ist, wenn sie einer bösen Anlage als Mittel zu Lug und List dient. Die Bildung jedoch, die ich dem ganzen Menschengeschlecht zuteil werden lassen möchte, ist nüchtern und züchtig; sie belehrt und macht die Menschen besser und ist eine ganz andere als die Bildung, welche den Menschen zu unlautern Dingen reizt und rüstet. Wie sie aber immer sein mögen, ich rede von Lebensregeln und Beispielen tugendhaften Lebens für das weibliche Geschlecht.
Wenn solche Kenntnis schädlich ist, dann sehe ich nicht ein, wie die Unkenntnis von Nutzen sein kann.
Welche Bücher kann und soll man denn lesen, wird man nun fragen. Über einige gibt es keinen Zweifel, so über die Evangelien des Herrn, die Taten der Apostel und ihre Briefe, die geschichtlichen und moralischen Erzählungen des Alten Testaments [und eine Reihe von berühmten Kirchenlehrern sowie antiken Klassikern]. Über einige muss man verständige und gelehrte Männer um Rat fragen. Die Frau darf nicht leichtsinnig dem eigenen Urteile folgen und infolge ihrer geringen Vertrautheit mit den Wissenschaften und der Literatur Falsches für wahr, Verderbliches für heilsam, Törichtes für wertvoll halten. Sie muss überhaupt wissbegierig sein, um besser zu leben. Im Urteil aber soll sie vorsichtig sein und sich nicht über Zweifel äußern, sondern das festhalten, was die Kirche mit ihrer Autorität billigt oder das übereinstimmende Urteil der Besten. Sie soll stets bedenken und sich erinnern, dass es nicht ohne Grund ist, wenn Paulus den Frauen das Amt des Redens und Lehrens in der Kirche vorenthalten hat, sondern will, dass sie den Männern Untertan seien und schweigend lernen, was ihnen Not tut.

Zit. nach: August Buck: Humanismus. Seine europäische Entwicklung in Dokumenten und Darstellungen, Freiburg/München 1987, S. 172 f.

c) Die italienisch-französische Schriftstellerin Christine de Pizan erörtert um 1400 das Problem in ihrem Buch „Stadt der Frauen" in einem fiktiven Dialog zwischen der Autorin und der „Frau Vernunft":
„Hat es eigentlich jenem Gott, der den Frauen so zahlreiche Begünstigungen gewährte, auch gefallen, einige von ihnen mit überlegener Intelligenz und großer Gelehrsamkeit auszuzeichnen? Außerdem: Sind sie überhaupt genügend intelligent für solche Dinge? Dies interessiert mich ganz besonders, behaupten doch die Männer mit großer Beharrlichkeit, der weibliche Verstand sei von nur geringem Auffassungsvermögen."
Antwort: „Tochter, du [sollst] erkennen, dass das genaue Gegenteil dieser ihrer Meinung zutrifft. [...] Wenn es üblich wäre, die kleinen Mädchen eine Schule besuchen und sie im Anschluss daran, genau wie die Söhne, die Wissenschaften erlernen zu lassen, dann würden sie genauso gut lernen und die letzten Feinheiten aller Künste und Wissenschaften ebenso mühelos begreifen wie jene. Zudem gibt es ja solche Frauen. [Es] verhält sich folgendermaßen: Je stärker die Frauen den Männern an Körperkraft unterlegen, je schwächer und je weniger geschickt sie zu gewissen Dingen sind, desto größere Klugheit und desto mehr Scharfsinn entfalten sie überall dort, wo sie sich wirklich ins Zeug legen."
„Was sagt Ihr da, hohe Frau? [...] Dieser strittige Punkt wird für die Männer niemals entschieden sein, es sei denn, es läge überzeugendes Material vor; denn sie würden mit dem Argument kommen, man beobachte doch allenthalben, wie unendlich überlegen die Männer den Frauen hinsichtlich ihres Wissens seien." Antwort: „Weißt du denn, weshalb Frauen weniger wissen?" „Nein, edle Frau, sagt es mir bitte." „Ganz offensichtlich ist dies darauf zurückzuführen, dass Frauen sich nicht mit so vielen verschiedenen Dingen beschäftigen können, sondern sich in ihren Häusern aufhalten und sich damit begnügen, ihren Haushalt zu versehen. Nichts aber schult vernunftbegabte Wesen so sehr wie die Praxis, die konkrete Erfahrung auf zahlreichen und verschiedenartigen Gebieten." „Edle Herrin, wenn sie also über einen aufnähme- und lernfähigen Verstand verfügen: Weshalb lernen sie dann nicht mehr?" Antwort: „Tochter, das hängt mit der Struktur der Gesellschaft zusammen, die es nicht erfordert, dass Frauen sich um das kümmern, was, wie ich dir zuvor erklärt habe, den Männern aufgetragen wurde. Es reicht, wenn sie den gewöhnlichen Pflichten, zu denen sie erschaffen wurden, nachkommen. Und so schließt man vom bloßen Augenschein, von der Beobachtung darauf, Frauen wüssten generell weniger als Männer und verfügten über eine geringere Intelligenz."

[1] Thomas Morus, 1477–1535, engl. Humanist und Staatsmann. Bekannt wurde u. a. dessen Tochter Margaret Roper (1505–1544), die in engen Kontakt zu Erasmus von Rotterdam stand.
[2] Willibald Pirckheimer, 1470–1530, Patrizier und Humanist aus Nürnberg.
[3] Ambrosius Blaurer, 1492–1564. Reformator aus Konstanz.

Zit. nach: Elke Kleinau/Christine Mayer (Hrsg.): Erziehung und Bildung des weiblichen Geschlechts. Eine kommentierte Quellensammlung zur Bildungs- und Berufsbildungsgeschichte von Mädchen und Frauen. Band 1. Weinheim 1900, S. 20 f.

14 Hexenverfolgung

a) Den Glauben an magische Kräfte übernahm das Mittelalter aus der Antike. Er wurde als Aberglaube bekämpft. Zaubereien wurden vor allem dann hart bestraft, wenn sie Dritten schadeten. Seit 1350 kam es zu etlichen Verfahren in Frankreich und in der Schweiz. Schwerpunkte der Verfolgungen lagen in den Jahren 1455–1460 und 1480–1485. Im sog. Hexenhammer, einem im Jahr 1486/87 von dem Dominikaner Heinrich Kramer, genannt Institoris, verfassten, für Hexenverfolger konzipierten Handbuch, wird die Frage untersucht, warum vor allem Frauen der Hexerei verfallen. Das Frauenbild des späten Mittelalters tritt dabei deutlich hervor. Ein Ende nahmen die Verfolgungen erst im Zuge der Aufklärung in der zweiten Hälfte des 18. Jahrhunderts.
Bezüglich der ersten [Frage], warum sich in dem so schwachen Geschlecht der Frauen mehr Hexen finden als unter den Männern. Und es bringt nichts, Argumente für das Gegenteil herzuleiten, da, abgesehen von den glaubwürdigen Aussagen vor Gericht, die Erfahrung selbst dieses glaubhaft macht. [...]
Manche Gelehrten geben als Grund an, dass es von Natur aus dreierlei [Dinge] gibt, die weder im Guten noch im Schlechten die Mitte einzuhalten wissen: die Zunge, der Kirchenmann und die Frau. Aber wo sie die Grenzen ihrer Befindlichkeit überschreiten, dort erlangen sie eine

15 Marguerite d'Angoulême (1492–1549)
Humanistische Schulen kamen Mädchen und Jungen aus wohlhabenderen Kaufmanns- oder Adelshäusern gleichermaßen zugute. Ein Studium, eine eigene berufliche Laufbahn oder die Teilnahme an humanistischen Debatten blieb Frauen hingegen verwehrt. Manche Frauen konnten durch ihre hohe gesellschaftliche Stellung in ihrer Rolle als Frau oder Mutter eines Fürsten humanistische Bestrebungen unterstützen und Politik beeinflussen. Eine solche Frau war Marguerite d'Angoulême, Königin von Navarra und Schwester des französischen Königs Franz I. Sie war mit Erasmus von Rotterdam befreundet und stand mit Reformationskreisen in engem Kontakt. Das Bild (ca. 1540) zeigt, wie sie der Mätresse ihres Bruders, Anne de Pisseleu, ihr Buch „La Coche ou le débat d'amour" mit folgenden Worten überreicht: „Deshalb richte ich an Sie, meine Kusine und Mätresse [des Königs], meine Arbeit und Ehrerbietung mit dem Gesuch, als teuerste Freundin dieses von mir geschriebene Werte in Empfang zu nehmen."

Art Gipfel und höchsten Grad im Guten oder auch im Schlechten. Im Guten, wenn sie von einem guten Geist regiert werden, sind sie daher auch die Besten. In der Bosheit aber, wenn sie vom bösen Geist regiert werden, kommt daher auch das Schlechteste heraus. [...] Es gibt auch andere, die Gründe angeben, weshalb mehr Frauen als Männer für abergläubisch befunden werden. Und sie sagen, dass es drei Gründe gebe: Der erste, weil sie leichtgläubig sind; und weil der Dämon hauptsächlich den Glauben zu verderben sucht, tritt er auch eher an diese heran. [...] Der zweite Grund ist, weil sie von Natur aus wegen der Unstetheit der körperlichen Verfassung zur Aufnahme von Eingebungen durch das Eindringen von Separatsubstanzen leichter zu beeinflussen sind. [...] Der dritte Grund ist der, weil sie eine schlüpfrige Zunge haben, und sie das, was sie durch schlechte Kunst wissen, ihren Genossinnen kaum verheimlichen können und sich heimlich, da sie schwach sind, leicht durch Schadenszauber zu rächen suchen. [...]
Hören wir noch von einem weiteren Charakteristikum: der Stimme. Denn wie sie [die Frau] von Natur aus lügnerisch ist, so ist sie es auch beim Sprechen. Denn sie sticht und erfreut dennoch. Daher wird ihre Stimme mit dem Gesang der Sirenen verglichen, die durch ihre süße Melodie die Vorüberfahrenden anlocken und schließlich töten. Sie [die Frauen] töten, weil sie sowohl den Geldbeutel entleeren, die Kräfte rauben, als auch Gott zu verlieren zwingen.

Zit. nach: Heinrich Kramer (Institoris). Der Hexenhammer. Malleus Maleficarum, übers. von Wolfgang Behringer, Günter Jerouschek und Werner Tschacher, 7. Auflage, München: dtv 2009, S. 224–236

b) Aus der Hexenbulle von Papst Innozenz VIII. von 1484:
Mit sehnlichstem Verlangen wünschen wir, wie es unsere Pflicht als Hirte erfordert, dass der katholische Glaube in unseren Zeiten wachse und blühe, und dass alle ketzerische Verworfenheit weit von den Grenzen der Kirche vertrieben werde. [...] Gewisslich, es ist neulich nicht ohne große Bekümmerung zu unsern Ohren gekommen, dass in einigen Teilen Oberdeutschlandes, wie auch in den Erzbistümern, Städten, Ländern, Orten und Bistümern von Mainz, Köln, Trier, Salzburg und Bremen sehr viele Personen beiderlei Geschlechts ihre eigene Seligkeit vergessen haben und vom katholischen Glauben abgefallen sind. Sie treiben mit den Teufeln, die sich als Männer oder Weiber mit ihnen vermischen, Unzucht und töten mit ihren Bezauberungen, Liedern und Beschwörungen und anderen abscheulichen Zauber- und Hexenkünsten, mit Freveln und Verbrechen die Geburten der Weiber und die Jungen der Tiere, sie verderben die Früchte der Erden, die Weintrauben und die Baumfrüchte und quälen auch die Menschen, die Frauen, die Tiere, das Vieh und andere verschiedene Arten Tiere, außerdem richten sie die Weinberge, Obstgärten, Wiesen, Weiden, Korn und andere Erdfrüchte zugrunde und peinigen die Menschen, die Weiber, allerlei großes und kleines Vieh und Tiere mit grausamen innerlichen und äußerlichen Schmerzen und Plagen und hindern eben dieselben Menschen daran, ihre ehelichen Dienste zu leisten, die Männer, dass sie zeugen, und die Frauen, dass sie empfangen. Darüber hinaus verleugnen sie den Glauben selbst, welchen sie beim Empfang der heiligen Taufe angenommen haben, mit eidbrüchigem Munde. Und sie fürchten sich nicht, angestiftet vom Feind des menschlichen Geschlechts, überaus viele weitere Leichtfertigkeiten und Laster zu begehen. All das gefährdet ihre Seelen, beleidigt die göttliche Majestät und ist ein sehr schädliches Exempel und Ärgernis.

Zit. nach: W. G. Soldan/H. Heppe: Geschichte der Hexenprozesse. Band I. hrsg. v. Max Bauer. Hanau, o.J., S. 248 ff. (Sprachlich angepasst)

Arbeitsvorschläge

1. Stellen Sie anhand M 3, M 4 und M 5 dar, welche Stellung der Mensch in Mittelalter und Renaissance innerhalb der Schöpfung einnimmt. Vergleichen Sie die diesen Ausführungen zugrunde liegenden Menschenbilder.
2. Arbeiten Sie die Rolle des christlichen Glaubens bei Mirandola (M 3 b) und Rabelais (M 5) heraus.
3. Erläutern Sie die Wertschätzung, die Erasmus den heidnischen Schriftstellern entgegenbringt (M 9 a).
4. Diskutieren Sie, ob die Argumente, mit deren die Wertschätzung von Erasmus untermauert wird, tragfähig sind (M 9).
5. Untersuchen Sie die Rolle der Universitäten bei der Ausbreitung humanistischen und reformatorischen Gedankengutes (M 11).
6. Nehmen Sie Stellung zu den Thesen Kings (M 12).
7. Recherchieren Sie verschiedene Lebensschicksale von Frauen an der Wende vom Mittelalter zur Neuzeit und stellen Sie dar, inwiefern sie an den Errungenschaften der Zeit teilhatten oder auf der anderen Seite gehemmt wurden (M 15, Linktipps zur Frauengeschichte in der Frühen Neuzeit im **Online-Link** 430048-0000).
8. Vergleichen Sie die jeweiligen Haltungen zur Frauenbildung und diskutieren Sie, wie diese zum Welt- und Menschenbild der neuen Zeit passten (M 13 a – c).
9. Mit welchen Begründungen klagte man Frauen als Hexen an? Erörtern Sie, welche Missverständnisse damit verbunden waren (M 14).

2.3 Renaissance und Humanismus verändern die Kunst und die Wissenschaft

1 **Kaiser Friedrich Barbarossa**
Miniatur aus einer Handschrift von 1188, Vatikanische Bibliothek

Kunst und Architektur

Die Veränderung des Denkens und der Bildungswelt hatte Folgen für alle Bereiche der Kunst, die eine wahre Blütezeit erlebte (▶ M5, M6).

Der Künstler trat aus dem Status des Zunfthandwerkers heraus und verstand sich jetzt als „uomo universale“: als ein umfassend gebildeter Mensch, dem Spezialistentum fremd war und der seine Werke als individuelle Schöpfungen verstand. Daher erwartete er Respekt für seine Leistungen, auch wenn er an einem Fürstenhof angestellt war oder Auftragsarbeiten produzierte und dabei in der Regel die Wünsche seiner Auftraggeber berücksichtigen musste.

Erstmals entstanden auch wissenschaftliche Abhandlungen über Malerei und Architektur und deren Geschichte. Es entstand ein neuer künstlerischer Stil, der sich – von Italien ausgehend – in ganz Europa durchsetzte. Während im Mittelalter die Malerei in erster Linie sakralen Zwecken und der Darstellung des Glaubens diente, wurde sie für Leonardo da Vinci (1452–1519) ein zentrales Mittel der Naturerkenntnis. In seinen Skizzen, Zeichnungen und Gemälden versuchte er, den Geheimnissen der Natur nachzuspüren, die Naturgesetze zu ergründen und beim Malen gleichsam den Schöpfungsprozess nachzuvollziehen. Leonardo bemühte sich um eine möglichst „natürliche“ Wiedergabe von Pflanzen, Tieren und Menschen, von Bäumen und Landschaften, von Licht und Schatten.

Zwar blieben die Themen der neuen Malweise oft noch religiös, doch die dargestellten Personen wandelten sich nun zu wirklichen Menschen in ihrer natürlichen Umgebung. Gesichter und Körper erhielten ein plastisches Aussehen. Und mit der Ausbreitung des Humanismus in Europa traten verstärkt Themen aus der antiken Geschichte und Mythologie sowie klassische Stilelemente neben die religiösen Motive.

Die radikalste Veränderung im Bereich des künstlerischen Ausdrucks war der Übergang zur Zentralperspektive: Die Bilder zeigten jetzt eine Wirklichkeit, die vom Maler geplant und nach einem System mathematisch festgelegter Bezugspunkte konstruiert und gestaltet ist, um dem Werk seine Räumlichkeit zu verleihen.

Der Architekt Filippo Brunelleschi verhalf der neuen Architektur durch die Übernahme antiker Formen und des Zentralbaus zum Durchbruch. An vielen Stellen in Italien fanden sich noch die Überreste und Ruinen aus der römischen Vergangenheit, von denen er sich inspirieren ließ. Während im übrigen Europa bis Ende des 15. Jahrhunderts noch gotische Bauwerke mit steil aufragenden Strebepfeilern, Rippengewölben und durchbrochenen großen Glasfenstern vorherrschten, bevorzugte Brunelleschi eine klassische Harmonie der Proportionen, symmetrische Gestaltung, klare geometrische Formen und eine Ruhe ausstrahlende Regelmäßigkeit. Sein bekanntestes Werk ist die erstmals am Dom von Florenz verwirklichte wuchtige Zentralkuppel. Im 16. Jahrhundert breitete sich der neue Baustil nach und nach auch ins übrige Europa aus, am stärksten nach Frankreich, weniger intensiv nach Spanien, England, Deutschland und den Niederlanden.

Fürsten und reiche Patrizier förderten die neuen Künste: Diese trugen zu ihrem Ruhm als Mäzene bei und demonstrierten Wohlstand und gesellschaftlichen Rang.

Im 15. Jahrhundert waren es vor allem geistliche und weltliche Fürsten und auch kleinere Adlige, die – oft über Agenten – als Auftraggeber oder Käufer auf dem Kunstmarkt auftraten und als Mäzene die Künstler unterstützten (▶ M8). Dabei dienten die Kunstobjekte meist der Repräsentation des sozialen Status und der Demonstration des persönlichen Wohlstands.

Naturwissenschaft

Nicht nur in Bezug auf die bildenden Künste, Literatur und Philologie, sondern auch naturwissenschaftlich-technisch brachte das Zeitalter der Renaissance eine Durchbrechung traditioneller Vorstellungen. Das mittelalterliche Wissenschaftsverständnis stützte sich auf Überlieferungen, und zur Lösung von Problemen zog man die maßgeblichen Schriften heran, zum Beispiel die Heilige Schrift und das Werk des Aristoteles. In der frühen Neuzeit hingegen breitete sich die Suche nach neuem Wissen aus. Die Einheit von Religion und Wissen zerbrach. Im Sinne humanistischen Gedankenguts ging man davon aus, dass nichts von vornherein als unumstößliche Wahrheit gelten solle, sondern durch Nachdenken und Nachschauen, durch die Wirklichkeit selbst nachvollziehbar und beweisbar sei. Zum theoretischen Nachweis trat nun der praktische Beweis. Das Experiment hielt Einzug in die wissenschaftliche Praxis. In diesem Sinne wurde das antike Wissen zur Grundlage neuer Erkenntnisse gebraucht. Man entnahm ihm Anregungen für Veränderungen der Landwirtschaft und ihrer Geräte, für die Erzverhüttung, aber auch für mathematische und physikalische Verfahren, Beschreibungen von Pflanzen, Tieren und Ländern und übertraf die antiken Vorbilder schnell. Dazu kam das Interesse, die Natur für die Men-

2 Großvater und Enkel, Gemälde von Domenico Ghirlandaio, 1488. Der Alte bildet vermutlich einen Florentiner Patrizier ab. (Informationen über den Maler im **Online-Link** 430048-0000)

schen nutzbar zu machen. Pflanzen erforschte man zu Heilzwecken, die Berge, um Erze zu gewinnen, und den menschlichen Körper, um Krankheiten besser behandeln zu können. Fortschritte im Bergbau, in der Hüttenkunde und im Maschinenbau zeugen von diesem weltbezogenen, erfinderischen Denken. Fragen des ökonomischen beziehungsweise militärischen Nutzens (wie bei der Artillerie) traten in den Vordergrund. Im 16. Jahrhundert wurden so die Weichen für die Entwicklung des modernen und realistischen Weltbildes gestellt.

Beispiel Medizin

Die mittelalterlichen Mediziner orientierten sich an den Erkenntnissen des griechischen Arztes Galen aus dem zweiten nachchristlichen Jahrhundert. Der Medizinprofessor stand oben auf dem Katheder und trug aus den Büchern Galens vor. Zur Demonstration des Gesagten wiesen seine Gehilfen auf die geöffneten Leichen von hingerichteten Verbrechern - ohne Rücksicht auf den tatsächlichen Sachverhalt. Von einer Autopsie im Wortsinne, das heißt von einem Überprüfen und Deuten der Sektionsbefunde mit eigenen Augen, konnte keine Rede sein. Erst in der Renaissance erwachte bei den Ärzten echtes anatomisches Interesse. Schon ab dem 13. Jahrhundert fanden an den neu gegründeten Universitäten trotz kirchlicher Kritik anatomische Vorlesungen und Leichensektionen statt. Zum Begründer der modernen Anatomie wurde der Flame Andreas Vesalius (1514 - 1564), der 1537 einen Lehrstuhl in Padua einnahm (▶ M3). Er korrigierte die Fehler Galens und beschrieb erstmals genau den Aufbau des menschlichen Körpers. Außerdem legte er die anatomische Terminologie fest. An der von Galen und arabischen Medizinern stammenden Lehre von den Körpersäften hielt er jedoch fest. Danach erklärte man sich die verschiedenen Krankheiten aus einer Störung des Mischungsverhältnisses der vier Körpersäfte Blut, gelbe und schwarze Galle sowie Schleim. Zur Gesundung des Menschen galt es, diese wieder in Harmonie zu bringen. Dementsprechend diagnostizierten die Ärzte Krankheiten meist mithilfe einer Harnschau, zur Heilung wandten sie Maßnahmen wie Aderlass, Abführen und Erbrechen an.

Eine Gegenposition dazu vertrat der Schweizer Arzt Paracelsus (Theophrastus Bombastus von Hohenheim, 1493 - 1541). Er lehnte die Lehre von den Körpersäften ab und behauptete, jede Krankheit habe ihre eigene Ursache und müsse entsprechend behandelt werden. Als Heilmittel empfahl er statt Heilkräutern erstmals chemische Arzneimittel. Paracelsus glaubte auch an Analogien bzw. Zusammenhänge zwischen dem Makrokosmos des Universums und dem Mikrokosmos des menschlichen Körpers. Neben den fortschrittlichen Methoden blieben so alte magische Elemente bestehen und am Beginn der modernen Medizin stand eine eigenartige Mischung von Mystik und detailgetreuer Natur- und Krankenbeobachtung, verbunden mit Experimentierfreudigkeit.

3 Der Arzt Andreas Vesalius, Porträt nach einem Gemälde von Pierre Poncet, um 1543.

4 Tafelbild vom Verduner Altar im Stift Klosterneuburg, 1331
(Informationen zum Altar im **Online-Link** 430048-0000)

5 Neue Regeln der Kunst

a) Auszüge aus dem Buch des italienischen Architekten und Kunsttheoretikers Leon Battista Alberti „Über die Malkunst" aus dem Jahre 1435:

Die Person des Malers:
Die Aufgabe des Malers besteht darin, jeden beliebigen gegebenen Körper so auf einer Fläche mit Linien und Farben zu zeichnen und zu malen, dass – aus einem bestimmten Abstand und bei einer bestimmten, im Voraus zugewiesenen Stellung des Zentralstrahls – alles, was man gemalt sieht, plastisch und dem gegebenen Körper vollkommen ähnlich erscheint. Als Ziel des Malers hat zu gelten, dass er sich mit seinem Werk zumal Ruhm, Erfolg und Wohlwollen erwirbt, gewiss in höherem Maße als Reichtum. Eben dies wird der Maler erreichen, wenn sein Gemälde die Augen und Herzen der Betrachter zu fesseln und zu rühren vermag! […] Damit der Maler sich freilich all das Genannte schön aneignen kann, sollte er – dies mein Wunsch – in erster Linie ein guter Mann sein und wohl unterrichtet in den schönen Künsten. Jedermann weiß ja, wie viel der Anstand vermag, wenn es darum geht, das Wohlwollen der Mitbürger zu gewinnen. […]
Wohlunterrichtet wünsche ich mir den Maler, wenn möglich, in allen Freien Künsten; besonderen Wert jedoch lege ich auf seine Kenntnis der Geometrie. […]
Der Ruhm der Malkunst:
Also: Diese Kunst verschafft Lust, wenn man sie nur pflegt; sie verschafft Ansehen, Reichtum und ewigen Ruhm, wenn man sie nur so pflegt, dass sie einen hohen Stand erreicht. Angesichts dessen – da die Malkunst sich als beste und ehrwürdigste Zier aller Dinge erweist, freier Menschen würdig, Gelehrten und Ungelehrten gleichermaßen lieb – fordere ich die lernbegierige Jugend mit umso größerem Nachdruck auf, sie möge ihr Bemühen, soweit nur immer angängig, der Malkunst zuwenden.

Leon Battista Alberti: Das Standbild. Die Malkunst. Grundlagen der Malerei, hrsg. v. Oskar Bätschmann u. Christoph Schäublin. Darmstadt 2000. S. 293, 245.

b) Vasari beschreibt die besonderen Verdienste Brunelleschis zur Weiterentwicklung der Architektur:

Filippo di Sei Brunellesco [besaß] solch einen erhabenen Geist […], dass man in Wahrheit sagen kann, er sei uns vom Himmel geschenkt worden, der Baukunst, die schon seit Jahrhunderten erloschen war, eine neue Form zu geben. Denn zu jener Zeit wurden von den Menschen viele Reichtümer schlecht verwendet und Bauten ohne Regel, nach schlechter Manier und armseliger Zeichnung, mit seltsamen Erfindungen, mit gesuchter Zierlichkeit und noch schlechteren Verzierungen errichtet. […] Filippo beschäftigte sich viel mit Perspektive, worin man damals gar keine Übung hatte und eine Menge Dinge falsch ausführte. Auf dieses Studium verwendete er einen großen Teil seiner Zeit, bis er von sich aus eine vollkommen richtige Methode fand. […]
Er […] verließ zugleich mit Donato Florenz und begab sich nach Rom, woselbst er bei der Betrachtung der mächtigen Gebäude und der Vollkommenheit der Baumassen der Tempel so verloren stand, dass er außer sich zu sein schien. Er ließ die Gesimse messen und nahm die Grundrisse der Gebäude auf, und er sowohl wie Donato waren darin unermüdlich und scheuten weder Zeit noch Kosten. Keinen Ort in und außerhalb Roms ließen sie unbesehen, nichts unvermessen, was gut und erreichbar war. Und Filippo, der keine häuslichen Sorgen hatte, ergab sich ganz dem Studium und kümmerte sich nicht um Essen und Schlafen, sondern richtete sein Augenmerk einzig auf die Baukunst, die schon so lange erloschen war. Ich sage ausdrücklich: die gute Bauweise der Alten und meine nicht die barbarische deutsche, welche zu seiner Zeit sehr geübt wurde. Zwei große Gedanken waren es, die er verfolgte: der eine, die gute Baumethode wieder ans Licht zu bringen, […] der zweite, ein Mittel zu finden, wie er die Kuppel von Santa Maria del Fiore [Dom von Florenz] wölben könne. Die Schwierigkeiten waren so groß, dass […] kein Baumeister Mut besessen hatte, sie anders als mit einem großen Gerüst von Holzwerk wölben zu wollen.

Giorgio Vasari: Künstler der Renaissance. Hrsg. v. Herbert Siebenhüner. Köln 1997. S. 117–119, 123. (Original Leipzig 1940)

6 Das Selbstverständnis des Malers

Der Künstler Leonardo da Vinci (1452–1519) äußert sich in seinen Schriften zur Malerei über Malerei, Natur und Erfahrung:

Wenn du die Malerei verachtest, die als einzige alle sichtbaren Werke der Natur nachahmt, dann verachtest du zweifellos auch eine feine Erfindung, die mit philosophischer und scharfsinniger Spekulation alle Eigenschaften der Formen betrachtet: Luft und Lage, Pflanzen, Tiere, Kräuter und Blumen, die von Schatten und Licht umgürtet sind; und sie ist wahrhaftig eine Wissenschaft und die rechtmäßige Tochter der Natur; aber, um genauer zu sein, nennen wir sie lieber die Enkelin der Natur, denn diese hat alle sichtbaren Dinge geboren, aus denen dann die Malerei geboren wurde. Wir nennen sie daher mit Recht die Enkelin der Natur und eine Verwandte Gottes. [...]
Vom Vergnügen des Malers. Das göttliche Wesen der Wissenschaft des Malers bewirkt, dass sich sein Geist in ein Abbild göttlichen Geistes verwandelt; frei schaltend und waltend, schreitet er zur Erschaffung mannigfacher Arten verschiedener Tiere, Pflanzen, Früchte; von Dörfern, Land, herabstürzenden Bergen, angst- und schreckenerregenden Orten, die dem Betrachter Grauen einjagen, und auch von angenehmen, lieblichen und reizenden Wiesen mit bunten Blumen, die von sanften Lüften leicht gewellt dem von ihnen scheidenden Wind nachblicken; Flüsse, die im überfließenden Bett von den hohen Bergen herabstürzen, ein Gewirr aus entwurzelten Bäumen, Steinen, Wurzeln, Erdreich und Schaum vor sich herschieben und alles mitreißen, was ihrem Ungestüm im Wege ist. [...]
Das Geistige, das nicht über die Sinne gegangen ist, ist vergeblich, und keine Wahrheit geht daraus hervor außer einer schädlichen. [...] Und du, der du sagst, es wäre besser, beim anatomischen Sezieren zuzusehen, als diese Zeichnungen anzusehen, du hättest Recht, wenn es möglich wäre, all das zu sehen, was meine Zeichnungen in einer einzigen Abbildung zeigen; in der Anatomie siehst du bei all deiner Gescheitheit nur einige wenige Adern und nur diese lernst du kennen; während ich, um von ihnen eine vollständige und wirklichkeitsgetreue Kenntnis zu bekommen, mehr als zehn menschliche Leichen zerlegt habe, wobei ich alle anderen Teile zerstörte und Stückchen für Stückchen das ganze Fleisch entfernte, das um diese Adern herum war, ohne sie mit Blut zu beflecken, außer durch das kaum merkliche Bluten der Kapillaren. Und eine Leiche reicht nicht so lange Zeit, sodass ich an mehreren Leichen nacheinander arbeiten musste, um mir eine vollständige Kenntnis von allem anzueignen; und um die Unterschiede zu erkennen, machte ich das Ganze zweimal.

Zit. nach: Leonardo da Vinci, Sämtliche Gemälde und die Schriften zur Malerei, hg. von André Chastel, München 1990, S. 161 f., 165 f., 284 f.

7 Die Kreuzigung

Andrea Mantegna (1431–1506) gilt als einer der bedeutendsten Maler der oberitalienischen Frührenaissance, der die von der Florentiner Schule aufgestellten Kunstideale vollendete. Der Tod Jesu am Kreuz ist ein zentraler Teil der christlichen Lehre und daher ein häufiger Darstellungsgegenstand der bildenden Kunst. Mantegna malte seine Kreuzigungsszene um 1456. Sie ist Teil eines Triptychons des Altars von San Zeno in Verona.
(Informationen zum Maler im **Online-Link** 430048-0000)

8 Künstler und Mäzene

a) Der Schweizer Historiker Volker Reinhardt schreibt über die Medici in Florenz:

Schon ihre Dreidimensionalität, ihre Realität im Raum, prädestinierte die großen Bauten der Medici zu massiven Zeichen von Macht und Status der Bauherren. Beim großartigen und entsprechend kostspieligen Neubau von Kirche und Kloster S. Marco kommt dazu das ostentative – und vom Papst höchstpersönlich verbriefte – Reinwaschen von Sündenschuld ins Spiel. Das war allein schon eine lohnende Rendite, doch nicht die einzige, die angestrebt wurde.

Was die Florentiner in diesem Aufsehen erregenden Bauprojekt ausgedrückt sehen sollten, lässt sich im Abstand eines halben Jahrtausends nur noch umrisshaft in Worte fassen: neben Bußfertigkeit Uneigennützigkeit, Frömmigkeit, Bürgersinn, Fürsorge für die Stadt, also traditionelle Werte, aber auch unerschöpfliche Geldquellen, unerschütterliche Macht; dazu kommen als Kernelemente des humanistischen Fürstenspiegels magnificentia und liberalitas, Großartigkeit und Großzügigkeit. Offenbar sahen zumindest einige darin allerdings auch noch mehr: Hochmut, Selbstüberhebung, Grenzüberschreitungen, Grenzverletzung.

Volker Reinhardt: Die Medici. Florenz im Zeitalter der Renaissance. München, 2. Aufl. 2001, S. 61.

b) Der niederländische Kunsthistoriker Bram Kempers schreibt in einer Studie aus dem Jahre 1987:

Vasari betonte in seinem Streben nach Anerkennung und Wohlstand die so sehr begehrte Autonomie des Künstlers. In seinen Briefen, Betrachtungen und Künstlerbiografien entwickelte er ein Idealbild, an das vielleicht diejenigen Künstler herankamen, die mit den prestigeträchtigsten Aufträgen betraut waren, das aber von der alltäglichen beruflichen Praxis weit entfernt war. Seine Sicht der Antike, des Mittelalters und der Renaissance ist eine überzogene Vorstellung vom erhabenen Ideal einer Elite von Künstlern. Man kann die Werke der Malerei auch aus einer mehr soziologischen Perspektive betrachten, ohne dabei über die individuellen Verdienste der Künstler hinwegzusehen: als die Arbeit von Angehörigen einer Berufsgruppe, ausgeführt für Auftraggeber, die ihrerseits ebenfalls von anderen abhängig waren. […] Die Fähigkeiten der Maler lassen sich nicht unabhängig von den Auftragsverhältnissen betrachten, in denen sie ihren Beruf ausübten, und das Mäzenatentum ist ohne Berücksichtigung des übergreifenden sozialen Zusammenhangs nicht zu verstehen. […] Die reichen Kaufleute versuchten in zunehmendem Maße die Auftragsvergabe zu kontrollieren. Der gegenseitige Wetteifer der verschiedenen Familien begann in diesem Zusammenhang eine wichtige Rolle zu spielen. […] Die Maler bekamen mündlich, brieflich oder vertraglich vorgeschrieben, was sie darstellen sol lten. Dabei wurde manchmal auf andere Dekorationen oder auf Entwürfe verwiesen, die als modello oder disegno bezeichnet wurden. […]

Für eine kleine Schicht wurde die Betonung auf Prachtentfaltung, Luxus und Verfeinerung verstärkt. Dies war besonders dort der Fall, wo es noch keine stark ausgeprägte Kultur und Staatsordnung gab. Die Herrscher machten sich zum Mittelpunkt einer Hofhaltung. Im gegenseitigen Wetteifer präsentierten sie sich auf eindrucksvolle und elegante Weise. Der soziale Zwang zur individuellen Stilisierung nahm an Stärke erheblich zu. Das Mäzenatentum im großen Stil wurde im Netz der Höfe ein unersetzliches Machtmittel. Die Möglichkeiten, die das Mäzenatentum bot, kamen aber nicht nur den Auftraggebern zugute, sondern auch den Malern. […] Einzelne Hofmaler konnten einen kräftigen sozialen Aufstieg erleben; nicht aber die Berufsgruppe insgesamt.

Bram Kempers: Kunst. Macht und Mäzenatentum. Der Beruf des Malers in der italienischen Renaissance. Bearb. u. übers. v. Bram Opstetten, München 1989, S. 15 f., 291–293.

9 Renaissance – ein europäisches Phänomen

Der englische Historiker Peter Burke über die Bedeutung gesamteuropäischer Einflüsse auf die Ausgestaltung der Renaissance:

[…] die Kultur Westeuropas [ist] als eine Kultur unter anderen zu betrachten, eine Kultur, die mit ihren Nachbarn koexistierte und interagierte, insbesondere mit Byzanz und dem Islam, die beide ihre eigene „Renaissance“ der griechischen und römischen Antike erlebten. Dabei ist es überflüssig zu erwähnen, dass man von westlicher Kultur eher im Plural als im Singular reden sollte, zählten zu ihr doch auch Kulturen von Minderheiten wie jene der Juden, von denen in Italien und anderswo viele an der Renaissance beschäftigten, haben im allgemeinen den Beiträgen der Juden und der Araber zu dieser Bewegung zu wenig Aufmerksamkeit zu wenig Raum gewidmet. […]

Auch Architekten und Künstler lernten von der Welt des Islam. Die Baupläne der Hospitäler von Florenz und Mailand aus dem 15. Jahrhundert stützen sich direkt oder indirekt auf die Hospitäler von Damaskus und Kairo. Der Goldschmied Benvenuto Cellini bewunderte die „arabeske“ Verzierung türkischer Dolche und eiferte ihr nach. Diese Form von Verzierung findet sich gleichermaßen auch auf den Einbänden und den Seiten französischer und italienischer Bücher des 16. Jahrhunderts. […]

[Wichtig ist dabei nicht nur] die Bedeutung des Transports von Texten und Bildern, sondern auch die der Ortsveränderung von Menschen […]. Vier Enklaven der Diaspora spielten in diesem Zusammenhang eine besondere Rolle. An erster Stelle standen die Griechen. Eine der bekanntesten Legenden der Renaissance schreibt den neuen Aufschwung der Gelehrsamkeit den griechischen Flüchtlingen zu, die nach dem Fall von Konstantinopel im Jahre 1453 in den Westen gelangten. Das hat, was die Ursprünge betrifft, kaum Überzeugungskraft. Dennoch leisteten die griechischen Gelehrten, die etwa zu Anfang des 15. Jahrhunderts im Westen eintrafen, einen wichtigen Beitrag zu den humanistischen Studien, und griechische Schriftsetzer waren für den Druck von Werken Homers, Platons und anderer klassischer Texte in ihrer Originalsprache unentbehrlich. Es kam nicht oft vor, dass griechische Künstler gen Westen zogen, doch einer von ihnen war in Italien und Spanien wohlbekannt: El Greco. Zweitens gab es eine italienische Diaspora von Künstlern und Humanisten, aber auch von Kaufleuten in Lyon, Antwerpen und anderen Städten, deren Interesse an der Kunst und Literatur ihres Heimatlandes Italien dazu beitrug, die Aufmerksamkeit ihrer Nachbarn in diese Richtung zu lenken. Die dritte Diasporagemeinschaft bildeten die Deutschen. Unter ihnen waren die Drucker von besonderer Bedeutung, wenn auch die Rolle deutscher Künstler im Ausland (von England bis Polen) nicht vergessen werden sollte. Schließlich gab es da noch die Niederländer, meist Maler oder Bildhauer, die insbesondere im Ostseeraum aktiv waren.

Ganz eindeutig war die Verbreitung eines klassischen oder an der Klassik orientierten Stils außerhalb Italiens ein gesamteuropäisches Unternehmen des kulturellen Aus-

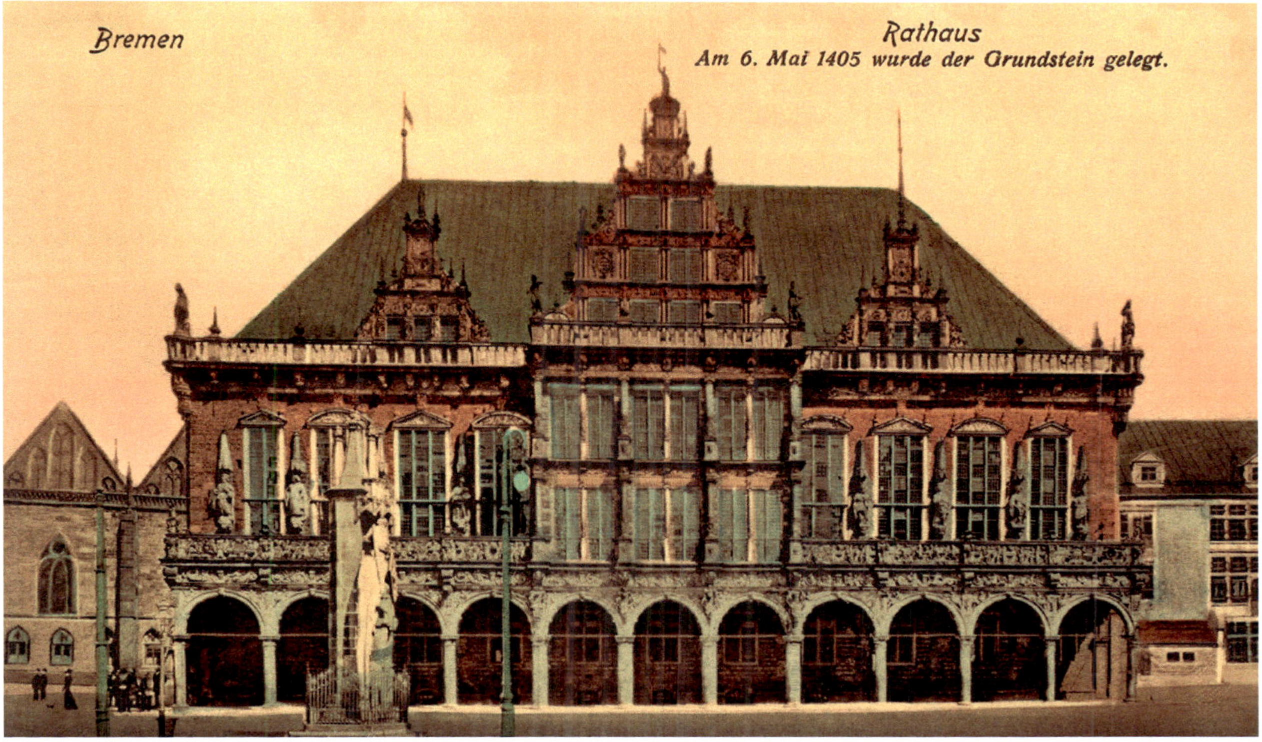

10 Renaissance an der Weser. Rathaus in Bremen, Postkarte um 1910
Die neuen architektonischen Trends der Renaissance fanden in der 2. Hälfte des 16. Jahrhunderts auch ihren Weg über die Alpen. Viele Adelige und reiche Bürger wollten bzw. mussten dieser neuen Mode folgen und gaben zahlreiche repräsentative Bauten in Auftrag. So entstanden neue Residenzschlösser in Detmold oder Bevern, prachtvolle Rathäuser wie die in Bremen, Nienburg, Rinteln oder Hannoversch-Münden und teure Bürgerbauten in Höxter, Hameln, Einbeck oder Bad Salzuflen. Das Bremer Rathaus, erbaut 1405 bis 1410, wurde im Zeitraum von 1609 bis 1614 von Lüder von Bentheim in Renaissanceformen umgestaltet.

tauschs. Ein ungewöhnliches Beispiel dafür ist, dass französische Steinmetzen in Linlithgow Palace italienisierende Motive in die schottische Architektur einführten. Dieses Beispiel aus Schottland wirkte einerseits als Anregung für niederländische Handwerker, die dänische Schlösser bauten. Bei der Ausschmückung von Gebäuden oder Möbeln wurden […] römische Grotesken mit spanischen (oder türkischen) Arabesken und niederländischen Bandverzierungen verbunden – das führte zu einem internationalen Stil.

Peter Burke, Die europäische Renaissance, München 2005, S. 15–18, übersetzt von Klaus Kochmann.

11 Der Mythos der Renaissance

Der englische Historiker Peter Burke 1990 über die Deutung der Renaissance:

Beim Klang des Wortes „Renaissance“, so bemerkte der holländische Historiker Johan Huizinga, „sieht der Träumer vergangener Schönheit Purpur und Gold.“ Vor seinem – oder ihrem – geistigen Auge erscheinen Botticellis *Geburt der Venus*, Michelangelos *David*, Leonardos *Mona Lisa*, Erasmus, die Loireschlösser und Spensers *Faerie Queene*, verschmolzen zur Gesamtschau eines Goldenen Zeitalters der Kreativität und Kultur.

Dieses Bild *der* Renaissance […] geht auf die Mitte des neunzehnten Jahrhunderts zurück, auf den französischen Historiker Jules Michelet (den es begeisterte), auf den Kunsthistoriker John Ruskin und den Architekten A. W. Pugin (denen es missfiel), auf den Dichter Robert Browning und die Romanschriftstellerin George Eliot (die eher ein zwiespältiges Verhältnis dazu hatten), vor allem aber auf den Schweizer Kulturhistoriker Jacob Burckhardt, dessen berühmtes Werk *Die Kultur der Renaissance in Italien* von 1860 die Epoche durch die beiden Begriffe „Individualismus“ und „Moderne“ definierte. […]

Dieses Bild der Renaissance ist ein Mythos. Der Ausdruck „Mythos“ ist zweideutig, und ich verwende ihn bewusst in doppeltem Sinn. Wenn Geschichtswissenschaftler von „Mythen“ sprechen, dann meist, um irgendwelche Behauptungen über die Vergangenheit zu charakterisieren, die sich als falsch oder zumindest als irreführend erweisen lassen. An Burckhardts Darstellung der Renaissance missfällt ihnen die dramatische Gegenüberstellung von Renaissance und Mittelalter, der scharfe Gegensatz zwischen Italien und dem restlichen Europa. Diese pointierten Gegenüberstellungen erscheinen der heutigen Geschichtsforschung übertrieben. Sie blenden die zahlreichen Neuerungen aus, die im Laufe des Mittelalters eingeführt wurden; sie übersehen das Fortbestehen traditioneller Einstellungen bis ins sechzehnte Jahrhundert hinein, wenn nicht darüber hinaus; sie vernachlässigen das Interesse der Italiener an der Malerei und Musik anderer Länder, besonders der Niederlande.

Die zweite Bedeutung des Ausdrucks „Mythos“ ist mehr literarischer Natur. Danach ist der Mythos eine symbolische Geschichte, deren Charakter gewisse übermenschliche Züge tragen (sie sind schwärzer oder weißer als im wirklichen Leben); die Geschichte besitzt eine Moral, spielt in der Regel in der Vergangenheit und wird erzählt, um gegenwärtige Zustände zu erklären oder zu rechtfertigen.

Burckhardts Bild der Renaissance ist auch in diesem Sinne ein Mythos. […]

Dieser aus dem neunzehnten Jahrhundert stammende Mythos der Renaissance wird immer noch von vielen Leuten sehr ernst genommen. Fernsehgesellschaften und Reiseunternehmer verdienen noch heute ihr Geld damit. Historiker jedoch sind der Ansicht, dass dieses Bild der Renaissance mehr und mehr zu wünschen übrig lässt, auch wenn sie Michelangelo beispielsweise weiterhin bewundern. Nicht dass das Zeitalter und die Bewegungen der Renaissance ihre ungewöhnliche Anziehungskraft auf die Geschichtswissenschaftler verloren hätten, aber das erhabene Gebäude, das Burckhardt und seine Zeitgenossen vor gut hundert Jahren errichteten, hat der Zeit nicht unbeschadet standgehalten. […]

Zum einen scheint sich herauszukristallisieren, dass die sogenannten „Renaissancemenschen“ in Wirklichkeit ziemlich mittelalterliche Züge trugen. Ihr Verhalten, ihre Voraussetzungen und ihre Ideale waren weit traditioneller, als wir gemeinhin annehmen – und traditioneller, als sie selbst sich eingestanden. […] zwei der berühmtesten Bücher, die in Italien des sechzehnten Jahrhunderts geschrieben wurden, Castigliones *Cortegiano* und Machiavellis *Principe* erscheinen uns heute tiefer im Mittelalter verwurzelt als ehedem vermutet. Castigliones *Hofmann* bezieht sich nur auf klassische Texte wie Platons *Gastmahl* und Cicereos *Vom rechten Handeln*, sondern auch auf die mittelalterlichen Traditionen höfischen Verhaltens und ritterlicher Minne. Selbst Machiavellis *Fürst* gehört, obwohl er manche überkommene Weisheit gezielt auf den Kopf stellt, in gewisser Hinsicht einem mittelalterlichen Genre an, jenem der sogenannten „Fürstenspiegel“, die den Herrschern Ratschläge und Verhaltensregeln an die Hand gaben.

Zweitens haben die Mediävisten zahlreiche Argumente zusammengetragen, dass es sich bei der Renaissance nicht um ein so einzigartiges Ereignis handelte, wie Burckhardt und seine Zeitgenossen dachten, und dass der Ausdruck „Renaissance“ eigentlich in der Mehrzahl gebraucht werden sollte. Es gab während des Mittelalters mehrere „Renaissancen“, namentlich eine im zwölften Jahrhundert und eine zur Zeit Karls des Großen. In beiden Fällen waren die literarischen und künstlerischen Leistungen von einem wiederauflebenden Interesse an klassischer Bildung begleitet, und in beiden Fällen beschrieben die Zeitgenossen ihr Zeitalter als eines der Wiederbelebung, der Wiedergeburt oder der „Erneuerung“. Kühne Geister […] sind noch einen Schritt weitergegangen und haben auch außerhalb des Abendlandes, sei es in Byzanz, in der islamischen Welt oder gar im Fernen Osten, Renaissancen entdeckt. […]

Was schließen wir daraus? Gab es nun eine Renaissance oder gab es keine? Wenn wir unter „Renaissance“ ein Zeitalter in Purpur und Gold verstehen, ein isoliertes Kulturwunder, einen plötzlichen Einbruch der Moderne, so lautet meine Antwort: nein. Renaissancearchitekten schufen Meisterwerke, aber gotische Baumeister taten dies auch. Italien hatte im sechzehnten Jahrhundert einen Raffael, aber Japan brachte im achtzehnten Jahrhundert einen Hokusai hervor. Machiavelli war ein einflussreicher und schöpferischer Denker, ganz so wie der Historiker Ibn Chaldun, der im vierzehnten Jahrhundert in Nordafrika lebte.

Wenn wir jedoch, eingedenk der Errungenschaften des Mittelalters oder der außereuropäischen Welt, unter „Renaissance“ ein Ensemble von wichtigen Veränderungen in der abendländischen Kultur verstehen, so scheint mir der Ausdruck als Ordnungsbegriff nach wie vor von gewissem Nutzen.

Peter Burke, Die Renaissance, Berlin 1998, 4. Aufl., S. 7, 9 und 13 ff. Übersetzt von Robin Cackett.

Arbeitsvorschläge

1. Vergleichen Sie die Bilder des Mittelalters (M 1, M 4) und der Renaissance (M 2, M 7) miteinander. Welche Neuerungen stellen Sie fest? Welche Elemente des neuen Zeitgeistes werden in den Gemälden sichtbar?
2. Untersuchen Sie das Selbstverständnis der Renaissance-Künstler (M 5, M 6).
3. Zeigen Sie auf, welchem Bildungsideal der Künstler verpflichtet sein sollte, und ordnen Sie dieses in seinen zeitgenössischen Kontext ein (M 5, M 6). Untersuchen Sie dabei, ob Brunelleschis (M 5 b) diesem Ideal entspricht.
4. Erläutern Sie, welches Verhältnis zwischen den Künstlern und ihren Auftraggebern bestand und welche Funktion Kunstwerke und Prachtbauten für die unterschiedlichen Auftraggeber hatten (M 8, M 10).
5. Diskutieren Sie den Begriff des „Mythos Renaissance“ (M 9, M 11).

2.4 Die Folgen des neuen Welt- und Menschenbildes

Die katholische Kirche war im Mittelalter die älteste und die ehrwürdigste Institution Europas und verkörperte dessen ideelle Einheit. Sie war zudem die reichste und auch eine der mächtigsten Institutionen. Ihre Gesetze und Vorschriften bestimmten das Alltagsleben der Menschen und nicht selten politische Entscheidungen. Dennoch war die Kirche im Spätmittelalter in eine tiefe Krise geraten, aus der man während des ganzen 15. Jahrhunderts den Ausweg suchte.
Gerade die Frage nach der Moralität beschäftigte die gebildeten Zeitgenossen. Klagen über nachlässige Amtsführung, Habgier und Sittenverderbnis von Priestern und Mönchen häuften sich (▶ M2). Die vorhandenen Missstände wurden um 1500 umso stärker wahrgenommen, da die allgemeine Bildung infolge des Humanismus zugenommen und der verbreitete Wille zur Reform zugenommen hatte. Die kritisierten Missstände waren vielfältig und verschiedenartig, hingen aber mit zwei Grundübeln zusammen: der mangelnden Qualifikation des Klerus und dem gestiegenen Finanzbedarf der Kurie.

Sprichwörtlich war die Geldgier des Klerus im Allgemeinen und die der römischen Kurie im Besonderen. Durch Politik (Kriege), Verwaltung, gestiegene Repräsentationsbedürfnisse und eine gewaltige Bautätigkeit war der römische Geldbedarf gewachsen. Um ihren Finanzbedarf zu decken, verlieh die Kurie die hohen Kirchenämter und die damit verbundenen Pfründe zunehmend unverhohlen nicht nach theologischer Eignung, sondern an den Meistbietenden. Unmut erregte bei den Zeitgenossen der aufwendige Lebensstil, den sich sowohl hohe wie niedere Geistlichkeit bei der Amtsführung leisteten und der umso unmoralischer wirkte, als er mit mangelhafter theologischer Bildung einherging.

Bereits einige Jahre vor Luther übte vor allem die humanistische Reformbewegung Kritik an diesen Praktiken der Kirche. Träger dieses kritischen Humanismus waren in erster Linie die städtischen gebildeten Eliten. Maßstab ihrer Kritik war die beim Studium der biblischen Überlieferung gewonnene Erkenntnis, dass sich die kirchlichen Verhältnisse von den Idealen des frühen Christentums weit entfernt hatten. Zudem spotteten in den Augen der Humanisten die sozialen Verhältnisse und die Lebensführung gerade der kirchlichen Würdenträger jeder Beschreibung im Vergleich zu dem idealen Menschenbild, das man den Texten antiker Autoren entnommen hatte.

Die Kirchenkritik und die Reformforderungen beeinträchtigten allerdings nicht die Frömmigkeit der Menschen. Im Gegenteil hatte an der Schwelle zum 16. Jahrhundert ein neuer religiöser Ernst, eine wachsende Sorge um das Seelenheil die Menschen ergriffen.

Zu einer besonderen Ursache der Reformation avancierte der Missbrauch des Ablasses. Dieser war im Mittelalter aus dem Bestreben der Gläubigen entstanden, durch gute Werke Sünden zu sühnen. Im Lauf des 15. Jahrhunderts vergab die Kirche den Ablass immer häufiger gegen Geldzahlungen und erschloss sich damit eine neue Einnahmequelle.
An dieser Ablasspraxis setzte auch die Kritik Martin Luthers an, der mit seinen ungewollt veröffentlichten 95 Thesen an das verbreitete Unbehagen über die römische Kurie appellierte. Seine Kritikpunkte wirkten wie ein Katalysator, der kurzfristig Kirchenkritik mit Reformverlangen verschiedener Art verband und das Interesse einer immer breiteren Öffentlichkeit auf ihren Verfasser lenkte und so einen gleichermaßen religiösen und politischen Veränderungsprozess in Gang setzte, der heute unter dem Begriff „Reformation" zusammengefasst wird.

1 Zu den Ursachen der Reformation

a) Im Rahmen seiner Überlegungen zur Erneuerung des Christentums kommt Erasmus von Rotterdam in seinem Werk „Lob der Torheit" (1509) zu folgenden Überlegungen:

Nun zu den Theologen! Gescheiter freilich wäre es wohl, in dieses Wespennest nicht zu stechen und um diese stinkende Hoffart einen Bogen zu machen, denn die Leute sind hochnäsig und empfindlich und reiten am Ende mit ihren Schlusssätzen schwadronsweise Attacke, um mich zum Widerruf zu zwingen, und weigere ich mich, so schreien sie gleich: „Ketzerei!" Im Handumdrehen schleudern sie diesen Blitz, um den zu schrecken, der es mit ihnen verscherzt hat. Kein Mensch zwar will so wenig wie sie davon wissen, dass ich ihnen Gutes tue; und doch stehen auch sie mit einer erklecklichen Schuld bei mir zu Buche. Denn beglückt von ihrer Einbildung tun sie, als wohnten sie im dritten Himmel, und sehen auf die übrige Menschheit wie auf Vieh, das auf dem Boden kriecht, von hoch oben herab, mitleidig schier. Sie verschanzen sich hinter einer so dichten Hecke von magistralen Definitionen, Konklusionen, Korollarien [beweisbare Schlussfolgerungen] und Propositionen [vorausgesetzte Annahmen] [...] und halten sich ein so raffiniertes System von Schlupflöchern offen, dass auch die Netze Vulkans sie nicht zu fangen vermöchten[1]: Immer wieder beißen sie sich mit ihren Distinktionen [Unterscheidungen] heraus, die ihnen so glatt wie das Beil von Tenedos[2] die Knoten der Maschen durchschneiden, und eine Unzahl neu ersonnener Wörtchen und ungeheuerlicher Ausdrücke kommt ihnen zu Hilfe. Die heiligen Geheimnisse erklären sie frei aus dem Kopfe: Sie wissen genau, wie die Welt erschaffen und eingerichtet, durch welche Kanäle das Gift der Erbsünde in die Kinder Adams geflossen, wie, in welcher Größe und wie schnell Christus im Leibe der Jungfrau gereift ist, und wie in der Hostie die Gestalten von Brot und Wein auch ohne Substanz bestehen. Doch das sind abgenutzte Themata. Erst Fragen wie die folgenden halten sie großer und erleuchteter Theologen, wie sie sagen, für wahrhaft würdig; erst wenn sie an solche geraten, erwachen sie, an Fragen wie die: Kann man von Entwicklung bei der Menschwerdung Gottes reden? Gibt es bei Christus mehr als eine Sohnschaft? Ist der Satz möglich: Gott Vater hasst den Sohn? Hätte Gott auch in die Gestalt eines Weibes, eines Teufels, eines Esels, eines Kürbisses, eines Kiesels eingehen können? Und wie würde dann dieser Kürbis gepredigt und Wunder gewirkt haben? Wie wäre er zu kreuzigen gewesen? [...] Solche Haarspaltereien kennen sie Tausende, ja, noch viel heiklere. [...]
Kaum weniger glücklich als sie leben die Menschen, die sich fromme Brüder und Klosterleute nennen, wobei der

2 Allegorische Satire auf das Leben der Mönche
Holzschnitt von Sebald Beham, 1521. Ein von den drei Lastern Hochmut (Superbia), Wollust (Luxuria) und Habsucht (Avarica) am Gängelband geführter Mönch wird von einem durch die Armut (Paupertas) angetriebenen Bauern gezwungen, die Bibel zu „fressen“.

erste Name so falsch ist wie der zweite; denn ein gut Teil von ihnen ist alles andere als fromm, und niemand trifft man so häufig auf allen Straßen und Gassen. [...] Denn während jedermann diese Gesellschaft ins Pfefferland wünscht, ja, eine zufällige Begegnung als übles Vorzeichen ansieht, haben sie selber an sich eine göttliche Freude. Zunächst gilt es ihnen als frömmster Gottesdienst, sich der Wissenschaft so tapfer zu enthalten, dass sie nicht einmal lesen können. Dann glauben sie, den Ohren der Heiligen einen gar herrlichen Schmaus zu bieten, wenn sie ihre abgezählten, aber unverstandenen Psalmverse mit ihren Eselsstimmen in den Kirchen herunterplärren. Manche wissen aus Unsauberkeit und Bettlerpose Kapital zu schlagen und heischen vor den Haustüren mit lautem Muhen ein Stück Brot; ja in keiner Herberge, in keinem Reisewagen, auf keinem Schiff entgeht man den aufdringlichen Gesellen, zum schweren Schaden der übrigen Bettler. Dergestalt, unsauber, unwissend, unflätig, vermeinen diese köstlichen Leute, uns die Apostel wieder vorzuleben.

Zit. nach: Erasmus von Rotterdam: Ausgewählte Schriften. Hrsg. v. Werner Welzig, Band 2. Darmstadt 1995, S. 131; 133; 143; 145.

b) 1545 schrieb Martin Luther (1483–1546) in einem Rückblick auf sein Leben:

Vor allem aber bitte ich den freundlichen Leser, ich bitte ihn um unsres Herrn Jesu Christi willen, dieses alles mit Verstand, ja mit viel Nachsicht zu lesen. Er muss wissen, dass ich damals, als ich diese Sache angriff, ein Mönch und ein ganz unsinniger Papist war [...].

Ich betrieb die Sache mit Ernst; denn ich hatte furchtbare Angst vor dem Jüngsten Tage und begehrte doch von Herzens Grund selig zu werden. In diesen meinen frühen Schriften wird man darum viele große und unterwürfige Zugeständnisse an den Papst finden, die ich später als ärgste Lästerung und Gräuel erkannte und heute verdamme. [...] Ganz allein stand ich anfangs und war sicherlich zur Behandlung solcher Sachen ganz ungeschickt und ungelehrt. Durch Zufall, ohne meinen Willen und meine Absicht geriet ich in diese Wirren. Gott selber ist mein Zeuge! Im Jahre 1517 wurden in unserer Gegend Ablässe verkauft (ich wollte sagen: öffentlich bekannt gemacht) um des schändlichen Gewinnes willen! Ich, damals Prediger und ein junger Doktor der Theologie, wie man sagt, begann den Leuten abzuraten und ermahnte sie, dem lauten Geschrei der Ablasskrämer keine Beachtung zu schenken, sie hätten Besseres zu tun. Ich war mir ganz gewiss, in diesen Dingen einen Schutz beim Papst selber zu haben. [...]

Gleich schrieb ich auch zwei Briefe, einen an den Erzbischof Albrecht von Mainz[3], der die Hälfte der Ablassgelder erhielt – während die andere, was ich damals nicht wusste, dem Papste gehörte –, den andern an den Bischof von Brandenburg, Hieronymus Schulz, [...] und bat, der Schamlosigkeit und Gotteslästerung der Ablasshändler Einhalt zu tun. Aber das arme Mönchlein verachtete man nur. Da ich das merkte, veröffentlichte ich den Zettel mit den Streitsätzen und die deutsche Predigt „Von Ablass und Gnade“ und etwas später auch „Erläuterungen“ dazu, in denen ich, um der Ehrerbietung vor dem Papst willen, die Ablässe zwar nicht so gänzlich verwerfen wollte, aber doch die guten Werke der Nächstenliebe ihnen vorzuziehen empfahl.

Das hieß nun den Himmel stürmen und die Welt in Brand setzen! Man verklagt mich beim Papst und zitiert mich nach Rom: Gegen mich, einen einzelnen Mann, erhebt sich die ganze Macht des Papsttums. Das geschah unter Maximilian[4] im Jahre 1518 zur Zeit des Augsburger Reichstags, auf dem der Kardinal Cajetan als päpstlicher Legat fungierte. An ihn wandte sich nun der erlauchte Kurfürst

3 Die falsche und die rechte Kirche.
Lucas Cranach d. Jüngere, Holzschnitt um 1546. (Bild im Großformat im **Online-Link** 430048-0000)

Friedrich von Sachsen[5] in meiner Angelegenheit und erreichte, dass ich nicht nach Rom zu gehen brauchte. […] Ganz Deutschland war damals des Plünderns und Schacherns und der Betrügereien der römischen Schwindler, das kein Ende fand, müde; darum wartete man mit Spannung, wie eine solche Sache ausgehen würde, die bis dahin kein Bischof und kein Theologe anzurühren gewagt hätte. Die öffentliche Meinung war durchaus auf meiner Seite; denn allen waren diese Ränke und Kniffe der Römlinge verhasst, mit denen sie die ganze Welt über und über plagten.

1 Anspielung auf die im 8. Buch der Odyssee erzählte Geschichte, in der Hephaistos (Vulkan) seine Frau Aphrodite und ihren Liebhaber Ares in einem Netz fängt.
2 Der König Tenes von der Insel Tenedos stellte die Ankläger unter das Beil, um sie sofort zu strafen, falls die Anklage sich als falsch herausstellte.
3 Albrecht II (1490–1545), Markgraf von Brandenburg, Erzbischof von Mainz und Magdeburg.
4 Kaiser Maximilian I.
5 Kurfürst Friedrich III. von Sachsen (1486–1525)

Martin Luther, Ausgewählte Werke, Bd. 1, hg. von Hans Heinrich Borcherdt/Georg Merz, 3. Aufl., München (Kaiser) 1951, S. 20f.

Arbeitsvorschläge

1. Erläutern Sie, welche Missstände in der Kirche ursächlich für die Reformationsbewegung waren. (▶ M1a, M2)
2. Analysieren Sie den Holzschnitt M3. Worin sieht der Künstler die wesentlichen Unterschiede zwischen der „waren Religion Christi" und der „falschen Abgöttischen lehr des Antichrists"?
3. Zeigen Sie auf, inwiefern Darstellungen wie M2 und M3 auf das veränderte Welt- und Menschenbild der Renaissance zurückzuführen sind.
4. Diskutieren Sie, wen Martin Luther in seinem Lebensrückblick (▶ M1b) meint, wenn er schreibt: „Die öffentliche Meinung war durchaus auf meiner Seite […]." Setzen Sie sich mit dem Begriff Öffentlichkeit kritisch auseinander. Vergleichen Sie Öffentlichkeit damals und heute.

3 Beginn der europäischen Expansion

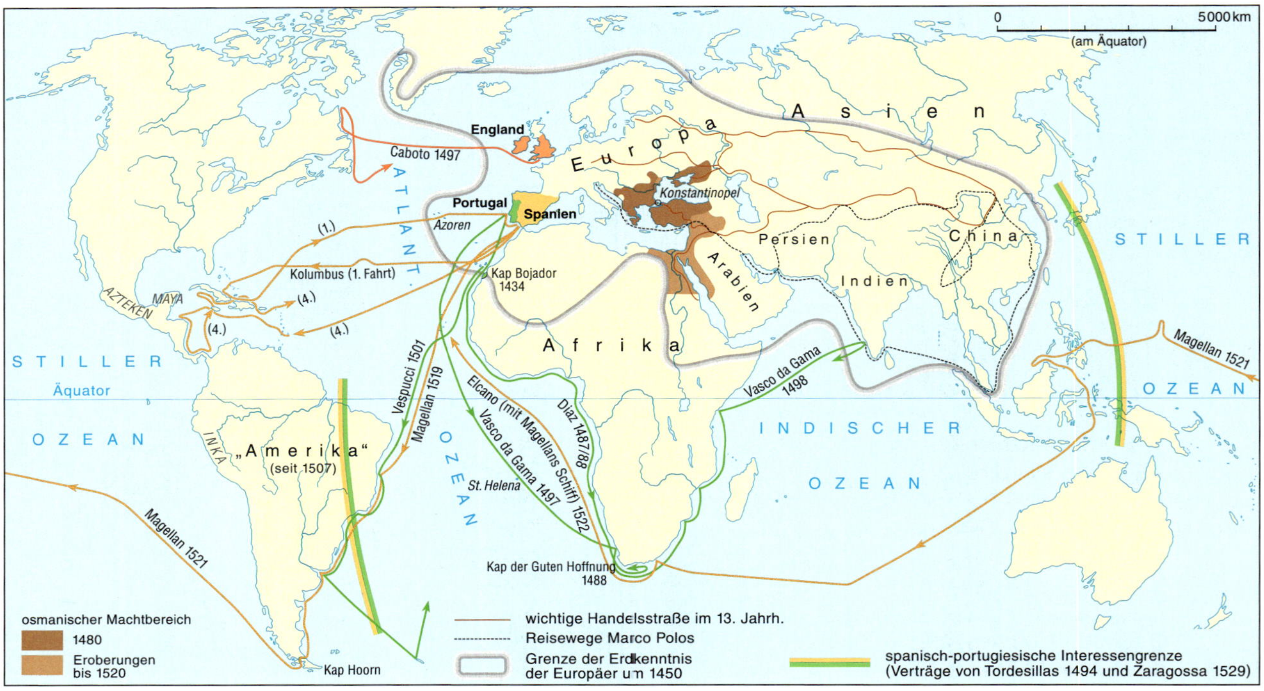

1 „Europäische „Entdeckungsreisen“ im 15. und 16. Jahrhundert

Motivation zum Aufbruch über das Meer

Für Portugiesen und Spanier bedeutete die Expansion über den Atlantik zunächst eine Fortsetzung der Kreuzzugsidee gegen die Mauren auf der Iberischen Halbinsel. Bereits in der ersten Hälfte des 15. Jahrhunderts versuchten sie an der marokkanischen Küste Fuß zu fassen. Dies hörte auch nach der Eroberung des maurischen Königreiches Granada 1492 nicht auf, trat doch das Osmanische Reich als neue muslimische Bedrohung im Mittelmeer auf. Damit verbunden war die Idee, im Rücken der Araber und Türken ein christliches Königreich als Verbündeten zu finden. Die Basis dafür bot die Legende eines Christenreiches des Erzpriesters Johannes. Tatsächlich existierte am Oberlauf des Nils im Gebiet des heutigen Äthiopiens ein christliches Reich.

Neben dem Kreuzzugsgedanken existierte auch die Hoffnung, durch Missionierung den christlichen Glauben verbreiten zu können. Ein dritter Beweggrund bestand zudem in handfesten wirtschaftlichen Interessen (▶ M 5, M 6). Aus Ostasien bezogen die abendländischen Fürsten- und Adelshöfe Luxuswaren wie Seide, Juwelen und vor allem Gewürze. Den Zwischenhandel im östlichen Mittelmeer dominierte bislang Venedig bzw. bald die Osmanen (▶ M 8). Das relativ arme Portugal, aber auch Spanien wollten zu diesem Reichtum eine Direktverbindung finden.

Voraussetzungen für die Hochseeschifffahrt

Die Expansion über den Atlantik wäre ohne nautische Fortschritte nicht möglich gewesen. Im 13. und 14. Jahrhundert waren zahlreiche wissenschaftliche Errungenschaften in diesem Bereich aus der arabischen Welt nach Europa gelangt. Mit neuen Messgeräten zur Navigation, aber auch einer verbesserten Kartenkunde waren die Seefahrer nicht mehr auf Küstenlinien als Orientierung angewiesen (▶ M 4).
Nicht weniger wichtig war die Erfindung neuer Schiffstypen. Neue Hinterruder, vor allem aber die Einführung verschiedener Segel nach Vorbild arabischer Schiffe, die es ermöglichten, auch gegen den Wind zu kreuzen, machten erst die Überwindung der westafrikanischen Gewässer bzw. die Überquerung des Atlantiks von Columbus 1492 möglich.

Die Situation im Indischen Ozean um 1500

Die portugiesischen Seefahrer trafen im Indischen Ozean auf einen pulsierenden Wirtschaftsraum, der die arabische Halbinsel ebenso mit einschloss wie das arabisch dominierte Ostafrika, Indien und die fernöstlichen Mächte wie Siam, China und sogar Japan. Allerdings fehlte in dieser Region eine dominierende Militärmacht. Die lange Zeit unbestrittene Großmacht Ostasiens China hatte sich in der zweiten Hälfte des 15. Jahrhunderts teilweise zurückgezogen (▶ M 10 – M 12). Indien war in zahlreiche Teilreiche zerstritten.
Die Portugiesen, bald darauf auch andere europäische Mächte, konnten sich daher mit stark bewaffneten Schiffen innerhalb weniger Jahrzehnte eine feste Position im Überseehandel des Indischen Ozeans erobern. Gegenüber China blieben die europäischen Mächte jedoch noch dreihundert Jahre lang nicht nur wirtschaftlich, sondern auch militärisch unterlegen (▶ M 15).

Die Folgen der europäischen Expansion nach Südostasien

Der Zugang zum ostasiatischen Gewürzhandel, aber auch zum westafrikanischen Gold- und Sklavenhandel bescherte den neuen europäischen Seemächten beträchtlichen Reichtum. Bisherige Handelswege wie die Seidenstraße verloren an Bedeutung.

Es sollte allerdings nicht lange dauern, bis der Reichtum auch negative Folgen zeitigte und zu schwerwiegenden Währungsverfallsprozessen und Teuerungen führte. Langfristig profitierten die europäischen Seemächte im 16. und 17. Jahrhundert vor allem durch den nun erleichterten Wissenstransfer. Dies ermöglichte, die technologische Rückständigkeit gegenüber den weiterentwickelten ostasiatischen Zivilisationen allmählich aufzuholen.

Spanische Eroberung Südamerikas – Teilung der Welt – wirtschaftliche Folgen

Während die Portugiesen den Seeweg nach Indien öffneten, stießen spanische Expeditionen nach Westen über den Atlantik vor. Anstatt nach Indien gelangten sie jedoch zu dem bislang in Europa unbekannten amerikanischen Kontinent.

Unter Vermittlung des Papstes Alexander VI. einigten sich Portugal und Spanien 1494 im Vertrag von Tordesillas. Dieser schlug Spanien letztlich fast ganz Amerika als Besitz zu, wovon Spanien allerdings noch nichts ahnen konnte.

Zwischen 1519 und 1524 stießen spanische Abenteurer unter Hernán Cortéz auf das Aztekenreich und eroberten dieses. 1524–1537 eroberten spanische Konquistadoren das südamerikanische Inkareich. Die dort gefundenen reichen Silbervorkommen verschafften Spanien im 16. Jahrhundert einen ungeheuren Reichtum. Der steigende Import des Edelmetalls verursachte jedoch bald in Europa eine rasche Entwertung des Geldes.

Der Beginn einer lukrativen Plantagenwirtschaft für das begehrte Zuckerrohr rief einen großen Bedarf an billigen Arbeitskräften hervor und führte zum Import einer immer größeren Zahl afrikanischer Sklaven.

2 **Ausschnitt einer portugiesischen Karte** mit Westeuropa und Westafrika, ca. 1500

3 **Arabien und Indien in einem Atlas aus dem Jahre 1519**

3

4 Karthographie – Instrument der Macht

Die Tradition der antiken Geographie, an die der gesamte arabische Raum während des Mittelalters angeknüpft und die er weiterentwickelt hatte, war in der Frühen Neuzeit im Osmanischen Reich nicht fortgesetzt worden. Zahlreiche mittelalterliche Karten und einige spätmittelalterliche Seekarten […] bildeten das Rote Meer als Binnenmeer ab oder ließen es am Kartenrand im afrikanischen Territorium enden. Nach diesen Karten gab es keine Verbindung zum Indischen Ozean, und die geographischen Kenntnisse des osmanischen Großwesirs entsprachen dem Wissensstand solcher Karten. […]

Geographische Kenntnisse bedeuteten Macht, weil sie mit strategischen, politischen und wirtschaftlichen Vorteilen und Zielen verbunden waren. Sie spielten deshalb in den geopolitischen Auseinandersetzungen zwischen Spanien und Portugal, später auch mit Großbritannien eine zentrale Rolle. Im Zeitalter der Expansion begannen beide Monarchen mit der Sammlung von Karten und geographischen Informationen, für die in Spanien schon zu Beginn des 16. Jahrhunderts ein zentrales kartographisches Amt in Sevilla eingerichtet wurde. Im Jahr 1508 ordneten die katholischen Könige die Anlage einer Karte, des sogenannten Padrón Real, in diesem Amt an, auf der zukünftig alle „neuen Länder oder Inseln oder Untiefen oder neue Häfen oder irgendwelche anderen Dinge, die würdig sind", verzeichnet werden sollten. Der Padrón Real war die autorisierte Seekarte der spanischen Krone, auf der alle späteren basierten. Jeder Kapitän war verpflichtet, neue Erkenntnisse und Erfahrungen in Sevilla zu melden. Mit der Einrichtung einer Zentrale, die geographische Informationen sammelte und über ihre Veröffentlichung entschied, entstand eine enge Verbindung zwischen Kartographie und Politik, die sich in ähnlicher Form in der Frühen Neuzeit in allen europäischen Staaten herausbildete und sich in mancher Hinsicht bis in unsere Gegenwart fortsetzt.

Die Kartographie war zugleich Ergebnis und Instrument des so genannten Staatsbildungsprozesses, der Konstituierung moderner Staaten, weil in diesem Prozess der Raum, das Territorium, als Organisationsgrundlage des Staates an Bedeutung gewann. Europäische Herrscher interessierten sich für die Topographie des Landes. […] Mit den verschiedenen Projekten der Landesaufnahme, die wir heute als Kataster kennen, war die Sammlung zahlreicher Informationen nicht allein topographischer Natur verbunden, die der Staat zur Durchsetzung seiner politischen und wirtschaftlichen, insbesondere fiskalischer Interessen nutzte.

Ute Schneider, Die Macht der Karten. Eine Geschichte der Kartographie vom Mittelalter bis heute, Darmstadt 2004, S. 12, 17 f.

5 Die Motive eines Suchenden

Zu den maßgeblichen Vorreitern der europäischen Expansion nach Übersee zählte der portugiesische Prinz (port. o Infante) Heinrich „der Seefahrer" (1394–1460). Dieser verband die mittelalterliche Kreuzzugsidee mit wissenschaftlichem Interesse, gründete Institutionen zur Erforschung neuer Karten und Instrumente für die Seefahrt und finanzierte immer wieder Erkundungsfahrten nach Süden entlang der afrikanischen Küste. Der portugiesische Hofchronist Damião de Góis (1502–1574) schrieb über Heinrichs Motive:

Dieser [Heinrich] war nicht nur ein sehr tapferer Ritter, sondern hatte auch großes Interesse für die Geisteswissenschaften, insbesondere für die Astrologie und Kosmographie. Um diese vornehmen […] Künste besser ausüben zu können, wählte er nach seiner Rückkehr von der Belagerung Ceutas[1] [seinen Wohnsitz] in einem Teil des Algarve, und zwar auf dem Kap S. Vincente. […] Von dort beschloss er, seine Schiffe entlang der afrikanischen Küste auszuschicken. So wollte er sein Vorhaben verwirklichen, nämlich von diesen westlichen Gebieten den Seeweg nach dem Orientalischen Indien zu finden. Er war sich sicher, dass dieser bereits in früheren Zeiten gefunden worden war.

Diese Sicherheit, die er durch seine Studien erworben hatte, und nicht durch göttliche Inspiration, wie behauptet worden ist, war die Voraussetzung, um eine so große Aufgabe in Angriff nehmen zu können. […]

Dies lässt uns glauben, dass der Erfolg des Infanten auf das Studium der wahren Autoren […] zurückzuführen ist, die er mit Ausdauer studierte. Ihren Wahrheitsgehalt aber schätzte er ein, wie man von Menschen Geschriebenes einschätzt. Er glaubte zwar, aber zweifelte auch zugleich, so wie man es allem gegenüber tun soll, was von Menschen und ihren Urteilen herrührt. Im [Urteil der Menschen] ist immer Glaube mit Zweifel gepaart. Mit dieser Gewissheit begann nun der Infant, auf eigene Kosten ausgerüstete Schiffe auf Entdeckungsreisen auszuschicken. Denn er wusste aus dem, was er gelesen hatte, dass z. B., wie Ariston[2] berichtete, nach der Belagerung von Troja Menelaos die Meerenge von Gibraltar passiert hat und [von dort] auf dem Seeweg […] bis ins Rote Meer […] gesegelt ist. Dieses enthält, nach einigen antiken Kosmographen, schließlich das Arabische und das Persische Meer mit den dazwischen liegenden Küsten. Und von dort gelangt man an eine Küste, die vom Persischen Meer bis nach Indien reicht: Auf diesem Roten Meer nahm Menelaos seinen Weg nach Indien. […]

Unter dem Vorzeichen […] dieser besagten Zeugnisse [und] auf der Basis von vielem anderen, was der Infant wusste, und aufgrund vieler Informationen, die er täglich von den Mauren aus Alarves und Azenegues bekam, die in afrikanischen Angelegenheiten bewandert waren, ließ er aufs Neue jene Schifffahrtswege entdecken, die bereits von den Menschen vergessen worden waren.

1 Hafenstadt an der marokkanischen Küste, die 1415 von Portugal erobert wurde.
2 Griechischer Philosoph des 3. Jahrhunderts v. Chr.

Zit. nach: Matthias Meyn (Hg.), Die großen Entdeckungen, München 1984, S. 53 f.

6 Gewürze, Missionare und Abenteuerlust

Noch während der Schlussphase der Reconquista gegen die Mauren auf der Iberischen Halbinsel, ein Kampf, der auch nach Nordafrika weitergetragen wurde, richtete sich der Blick Portugals und ab 1492 auch Spaniens auf den Atlantik. Der Historiker Björn Opfer erläuterte 2001 die Rolle des portugiesischen Prinzen Heinrich:

Seit eh und je zog es den Menschen zu neuen Welten, zum Abenteuer. Erträumter Reichtum, machtpolitisches Kalkül und tiefer Missionseifer, dies waren Motivationslinien, welche wagemutige Entdecker auf kleinen, Nussschalen ähnlichen Schiffen im 15. Jahrhundert auf die Weltmeere trieb. […]

Das christliche Abendland wandelte in jenen Jahrzehnten in vielem sein Gesicht. Die schweren Hungersnöte und Seuchen, welche die Bevölkerungszahl des Kontinents nahezu halbiert hatten, waren seltener geworden. […] Der europäische Handel erlebte Ende des 15. Jahrhunderts eine neue Blüte. […]

Von großer Bedeutung für die beginnenden Entdeckungsfahrten waren zunächst die Entwicklung der astronomischen Navigation, die Verbesserung von Messinstrumenten sowie neue Erkenntnisse in Geographie und Kartographie. [...]

Der Drang nach Indien lag hauptsächlich in wirtschaftlichen Motiven begründet. [...] In Portugal ist der Ursprung der überseeischen Expansionspolitik im Jahr 1415 zu finden. Anders als in Mitteleuropa waren auf der iberischen Halbinsel – wo damals noch immer mit dem Königreich von Granada eine arabische, oder wie die Portugiesen sie nannten, eine maurische Bastion existierte – der Kreuzzugsgedanke und der kriegerische Missionsgedanke stärker erhalten geblieben. In jenem Jahr unternahmen die drei Söhne des Königs Johann I. zusammen mit Kreuzfahrern aus halb Europa einen Eroberungszug gegen die arabische Hafenstadt Ceuta, welche gegenüber von Gibraltar an der nordafrikanischen Küste liegt und von wo die Araber 711 zu ihrem Sprung nach Europa angesetzt hatten. [...] Der jüngste dieser drei portugiesischen Prinzen war Heinrich, den man später „o navegador“ (den Seefahrer) nennen sollte. [...] In seinem Observatorium in Südportugal, welches er hoch oben auf windigen Klippen erbauen ließ, versammelte er die berühmtesten Astronomen, Kartographen, Navigatoren und Schiffsbauer um sich, Italiener, Spanier, Araber, Juden, Deutsche und später auch Afrikaner. Heinrich verschaffte sich so viele Briefe, Chroniken und Landkarten früherer Afrika- und Asienreisender, wie nur zu finden waren, und ließ sie auswerten. [...]

Das magische Hindernis war zunächst das sagenumwobene Kap Bojador. Bereits die Phönizier hatten im Altertum, zur Abschreckung etwaiger Handelskonkurrenten, fantastische Geschichten ausgestreut, welche von den Arabern aus derselben Motivation aufgenommen und ebenfalls weitergegeben wurden: Furcht erregende Seeungeheuer und Magnetberge, die sämtliche Nägel aus den Schiffen zögen; ein Meer, das sich dort zu einer sirupartigen Masse verwandele, oder aber am Ende der Welt zum berüchtigten Dunkelmeer würde. [...] Schließlich, im Jahre 1434, wurde der Mythos endlich bezwungen. [...]

Für seine Expeditionen ließ Heinrich nach dem Vorbild arabischer Dhaus wendige Karavellen mit zwei oder drei Masten entwickeln, die in der Lage waren, gegen den Wind Zickzack zu segeln. [...]

Während 1445 die Schiffe Heinrichs bis zum Kap Verde, ein Jahr später an die Mündung des Senegal gelangten, erschien im östlichen Mittelmeer eine neue „islamische Bedrohung“ in Gestalt des kriegerischen Osmanischen Reiches. 1453 fiel das „Rom des Ostens“, die alte Kaiserstadt Konstantinopel [...]. Bald darauf sollte Otranto in Unteritalien verheert werden. Was für die europäischen Herrscher und Adeligen jedoch wahrscheinlich mindestens ebenso schwer wog wie diese militärische Bedrohung, war, dass begehrte Luxusgüter wie chinesische Seide, indische Juwelen oder fernöstliche Gewürze nun in Europa noch teurer wurden. Die Entdeckung eines Seewegs nach Indien, um die islamischen Staaten herum, wurde zur unverrückbaren Idee der großen abendländischen Handelshäuser und Fürstenhöfe.

Björn Opfer, Gewürze, Missionare und Conquistadoren. Portugal erobert die Meere. In: Vasco da Gama. Der Weg nach Ostindien. Nach zeitgenössischen Quellen bearbeitet von Rudolf Plitschke. Göttingen 2001, S. 10–15.

8 Der Gewürzhandel im 15. Jahrhundert

Der Gewürzhandel war im Wesentlichen ein von Nichteuropäern betriebenes Geschäft im Raum des Indischen Ozeans, und die Europäer konnten sich an diesem asiatischen Handel nur am Rande beteiligen. Im westlichen Teil des Indischen Ozeans wurde er von arabischen und indischen Seefahrern beherrscht. [...] Gewürze wurden größtenteils von chinesischen Kaufleuten durch die Straße von Malakka nach Kalikut gebracht, wo sie südindische Gewürze zusätzlich zu jenen, die sie auf den Inseln des heutigen Indonesiens gekauft hatten, für den chinesischen Markt mitnahmen. Die Kontrolle über die Straße von Malakka war für diesen Handel so bedeutend, dass der Portugiese Tomé Pires im frühen 16. Jh. in seinem Reisebericht Suma Oriental zu dem Schluss kam: „[...] Wer immer auch Herrscher von Malakka ist, er hat Venedig im Würgegriff.“ [...]

Der europäische Sektor des Gewürzhandels war zwar verhältnismäßig klein im Vergleich zum globalisierten Umfang, aber für die Beteiligten von großer Bedeutung. Im 15. Jh. konnten die Venezianer, die die letzte, kurze Etappe des Handelswegs ab Beirut oder Alexandria weitgehend beherrschten, üblicherweise mit einem Gewinn von 40 Prozent allein beim Transport der Waren über die halbe Länge des Mittelmeeres rechnen. [...] Indische und indonesische Gewürze konnten die Europäer durch nichts ersetzen, wenn sie sie haben wollten – und sie wollten sie haben.

Peter Spufford, Handel, Macht und Reichtum. Kaufleute im Mittelalter, Stuttgart 2004, S. 234 f. Übers. Erwin Fink/Horst M. Langer.

7 Umschlageplatz für Gewürze: Kalikut

Straßburger Holzschnitt 1527, basierend auf den Berichten von Kaufleuten und Missionaren

3

9 Vasco da Gama erreicht Ostindien 1498

Nachdem Bartholomäus Diaz 1487 das Kap der Guten Hoffnung erkundet hatte, entsandte der portugiesische König Manuel 1497 eine neue Expedition unter dem Befehl des jungen Adeligen Vasco da Gama (1469–1524). Unter dem Titel „Wegweiser über die Reise des Vasco da Gama" veröffentlichte der angebliche Augenzeuge Álvaro Velho einen Reisebericht.

Ankunft in Mosambik an der ostafrikanischen Küste:

Die Menschen hierzulande sind braun und haben einen guten Körperbau und gehören zur Sekte des Muhamed und sprechen maurisch; und ihre Kleider sind von Leinen und Baumwolle, sehr fein und vielfarbig gestreift und sind reich und sorgfältig gearbeitet, und alle tragen Turbane und Seidenbesatz, durchzogen mit Goldfaden, auf dem Kopf, und sie sind Kaufleute und treiben Handel mit weißen Mauren [Arabern], von denen vier Schiffe am Ort lagen, die Gold, Silber, Gewürznelken und Pfeffer und Ingwer führten und silberne Ringe mit Edelgestein und vielen Perlen und Rubinen, und die Bewohner dieses Landes tragen diese Dinge auch.

Und wie uns schien nach dem, was sie sagten, dass die Dinge alle durch Einfuhr dahin kämen, und dass besagte Mauren sie brächten, außer nur das Gold, und dass es davon weiter vorwärts, wohin wir führen, viel gebe, und der Edelsteine, Kostbarkeiten und Gewürze so viel dort zu finden sei, dass man nicht nötig hätte sie einzutauschen, sondern sie nur in Körben zu sammeln. [...] Weiter sagten sie uns, dass der Erzpriester Johannes nicht weit von dort wohnt, und dass er viele Städte längs des Meeres hat, und dass die Bewohner selbiger Städte große Kaufleute sind und große Schiffe besitzen, dass aber der Erzpriester Johannes weit drinnen im Lande wohnt, und dass man dorthin nur auf Kamelen kommen kann. [...]

Ankunft in der westindischen Hafenstadt Kalikut:

Wir kamen alle, soviel wir auf den Schiffen waren, zu zwei und zwei oder zu drei und drei an Land, und jeder nahm sich von dem, was er hatte, mit, also Armbänder und Kleider und Zinn und Hemden, jeder, wie er es hatte, und sie verkauften, wenn sie es auch nicht so gut verkauften, wie wir bei unserer Ankunft gehofft hatten. Und wir kauften von dem, womit man in der Stadt handelte, Gewürznelken und Zimt und Edelsteine, und nachdem so jeder gekauft hatte, was er wollte, kehrte er zu den Schiffen zurück, ohne dass irgend jemand ihm etwas in den Weg legte. [...]

Abfahrt unter Schwierigkeiten: Wider Erwarten ließ der lokale Herrscher einige der Portugiesen an Land festhalten:

Über selbige Nachricht waren wir alle recht traurig, dieweil wir erstens ein paar von unseren Leuten in der Gewalt der Feinde sahen, und dann wegen des großen Hindernisses, das damit unserer Abfahrt in den Weg trat, und dann kränkte es uns auch sehr, dass ein christlicher König[1] so schmählich an uns handelte, und andererseits legten wir ihm wieder nicht so große Schuld bei, wie wir Grund gehabt hätten ihm beizulegen, weil wir bestimmt wussten, dass die Mauren, die hier wohnten, die Kaufleute von Mekka und vielen anderen Gegenden waren, die uns kannten, dass wir diesen sehr unbequem waren und dass selbige dem König sagten, wir wären Seeräuber, und sobald wir anfingen, nach selbigem Lande zu fahren, würde kein Schiff mehr von Mekka oder Cambaya [...] nach seinem Lande kommen können, sodass er keinen Gewinn mehr daraus ziehen würde, und wir würden ihm auch nichts geben, sondern ihm eher noch nehmen, und dadurch könne sein Lande zugrunde gerichtet werden. [...]

[Vasco da Gama nahm daraufhin Geiseln und presste dadurch die festgehaltenen Portugiesen frei.] An einem Mittwoch – es war der 29. besagten Monats August 1498 – beschloss der Kommandant, im Hinblick darauf, dass wir bereits gefunden und entdeckt hatten, wonach wir gefahren waren, Gewürze sowohl wie Edelsteine, und weil wir doch nicht in Frieden und Freundschaft mit den Bewohnern von dem Lande Abschied nehmen konnten, mit den anderen Kapitänen abzufahren und die Leute, die wir bei uns hatten, mitzunehmen [...] und so gingen wir ohne Verzug unter Segel und traten unseren Weg nach Portugal an, alle sehr froh, dass wir das Glück gehabt hatten, etwas so Großes zu finden, wie wir gefunden hatten.

[1] Die Portugiesen hielten die Hindus zunächst für Christen.

Geschichte in Quellen. Band III, hrsg. von Wolfgang Lautemann/Manfred Schlenke, München 1966, S. 53–56. Übers. Franz Hümmerich.

10 Höhepunkt und Niedergang der chinesischen Seemacht im 15. Jahrhundert

Der Autor Ulrich Baron über die Ära der großen Flotte Chinas (2005):

Nachdem die Karavellen des Portugiesen Vasco da Gama 1498 das Kap der Guten Hoffnung an der Südspitze Afrikas umsegelt und, sechs Jahre nach Kolumbus' Amerika-Reise, den Seeweg nach Indien erschlossen hatten, trafen die Seefahrer in Ostafrika auf Menschen, die sich weder von den brisanten Mitbringseln, den Perlen, Glöckchen und Korallenketten, noch von den stolzen Schiffen der Portugiesen sonderlich beeindruckt zeigten. Dorfälteste berichteten den Europäern von weißen „Geistern", die sie vor langer Zeit besucht hätten, in Schiffen, neben denen sich die Karavellen da Gamas wie Nussschalen ausmachten.

Nun gäbe es viele Erklärungen für diesen Spuk, schließlich war der Indische Ozean als „afro-asiatisches Mittelmeer" seit der Antike ein Seehandelsraum. Persische und arabische Schiffe segelten im 10. Jahrhundert regelmäßig bis China, und zwischen dem 6. und 12. Jahrhundert hatten muslimische Händler ihre Handelsbeziehungen entlang der ostafrikanischen Küste bis nach Madagaskar hin ausgedehnt. Doch Schiffe, die drei- oder viermal so lang waren wie Karavellen?

Das können nur die Schiffe der Chinesen gewesen sein, die Flotte Zheng Hes. 1405, vor genau 600 Jahren, stieß sie das erste Mal in See; bis 1433 unternahm sie unter Leitung des Admirals sieben weite Reisen und stellte dabei alles in den Schatten, was Europa aufzubieten hatte. Zheng Hes Hauptreiserouten führten nach Südwesten über Siam bis nach Java, durch die Straße von Malakka über Ceylon bis ins südwestindische Handelszentrum Kalikut und nach Hormuz am Persischen Golf, Nebenrouten bis hinab nach Madagaskar und Timor. [...]

Seine Armada umfasste bis zu 300 Schiffe und zählte an die 28 000 Mann Besatzung. Die größten Einheiten, gewaltige, neunmastige „Schatzschiffe", maßen in der Länge bis zu 120 und in der Breite bis zu 50 Metern. Das ist tatsächlich ein Vielfaches der Größe von Kolumbus' Santa Maria mit ihren 27 Metern Länge. [...]

Als die Portugiesen und andere Europäer zum Ende des Jahrhunderts in den Indischen Ozean eindrangen, war von Chinas Seemacht schon nichts mehr zu sehen. Zheng Hes Schiffe, selbst deren Logbücher hatte man vernichtet. Was war geschehen?

1424 starb der Kaiser; seine Nachfolger verloren das Interesse an der Schifffahrt. 1500 wurde gar der Bau von Schiffen mit mehr als zwei Masten zum Kapitalverbrechen erklärt und 1525 die Zerstörung aller hochseetauglichen Fahrzeuge angeordnet. Damit verschwand nicht nur die

11 Größenvergleich zwischen eine Dschunke zur Zeit von Zhang He und einer portugiesischen Karavelle der Flotte Vasco da Gamas. Die genaue Größe der Hochseedschunken Anfang des 15. Jahrhunderts ist in der Wissenschaft umstritten. Frühere Schätzungen von 100–135 m Länge erscheinen heute als übertrieben. Man geht eher von 59–85 m mit einer Größe von 500–1000 t aus. Eine portugiesische Karavelle war im 15. Jahrhundert etwa 20–25 m lang mit etwa 30–40 t Tragfähigkeit.

Schatzflotte, sondern auch der private Seehandel, der sich in ihrem Kielwasser entwickelt hatte; viele der nach Südostasien ausgewanderten Chinesen verloren die Verbindung zur Heimat, wo man diese Abtrünnigen misstrauisch betrachtete und ihnen zeitweilig hohe Strafen androhte. Was der grandiose Aufstieg zur Welthandelsmacht hätte werden können, endete in Schmuggel und Piraterie. Auf den Weltmeeren hatten sich China und Europa um 80 Jahre verpasst. Und als von 1513 an die ersten portugiesischen Schiffe auch vor Chinas Küste auftauchten, war der große Drache längst seiner Klauen entledigt und litt geduldig unter den nadelstichartigen Überfällen japanischer Freibeuter, die man abschätzig als „Zwergpiraten" bezeichnete.

Warum aber, so wird bis heute diskutiert, hat China die mächtigste Flotte der Welt aufgestellt, nur um sie nach einigen Jahrzehnten wieder aufzulösen? Warum hat die größte Macht der Welt, deren Wirtschaftskraft und Technik ihresgleichen suchte, sich nach einigen Jahrzehnten unangefochtener Herrschaft über den Indischen Ozean auf sich selbst zurückgezogen und ist schließlich zum Opfer der aufstrebenden Kolonialmächte Europas, aber auch ihres Nachbarn Japan geworden?

Um einer Antwort näher zu kommen, muss man zunächst Europa betrachten. Was es damals einem anspruchsvollen Chinesen Neues zu bieten hatte – venezianische Brillengläser zum Beispiel –, hätte die aufwändige Umschiffung Afrikas oder Südamerikas kaum gerechtfertigt. Und sie war dafür auch gar nicht nötig, denn über die Levante, über die Seidenstraße und den Indischen Ozean gab es schon seit der Antike regen Warenaustausch. [...] Trotz leidvoller Erfahrungen mit fremden Barbaren, trotz der fast hundertjährigen Mongolenherrschaft, die der Ming-Dynastie vorausging, sah es sich als Reich der Mitte, als unangreifbares Zentrum der Welt. In den konfuzianischen Vorstellungen erschienen die Gold- und Gewürzgier spanischer und portugiesischer Eroberer, der britische Freibeutergeist und der Geschäftssinn der niederländischen Kompanien als plebejisch, als verachtenswert. China konnte sich mit einigem Recht als die große und zur Führung berufene Zivilisation in Asien und am Indischen Ozean verstehen, deren Reichtümer die Schatzflotten nach Nanjing („südliche Hauptstadt") brachten. Währenddessen führte Zhu Di groß angelegte Feldzüge zu Lande, ließ das Wissen seiner Zeit in der 11000-bändigen Yongle-Enzyklopädie niederschreiben, die Große Mauer vollenden und in Beijing („nördliche Hauptstadt") eine Metropole errichten, wie sie die Welt noch nicht gesehen hatte.

Mit seiner Staatsflotte zeigte sich China als mächtiger, wohlwollender Hegemon, der „zehntausend Länder zu seinen Gästen" machen und von den Anrainerstaaten des Indischen Ozeans nur das Beste wollte. Gegen unwillige Partner oder – wie ein feinsinniger Dichter es ausdrückte – „bedeutungslose Würmer, wert, zehntausendfach zu sterben", ging Zheng He freilich mit starken Landungstruppen vor oder sorgte dafür, dass sie „weise", also kooperationsbereitere Regimes erhielten. [...] So vereinte Zheng Hes Flotte viele Aufgaben. Sie verkörperte die Macht und die Machtansprüche des Yongle-Kaisers, sie war Handelsmission, schwimmender Marktplatz und naturkundliche Expedition. Sie brachte Tribute nach China und deren Überbringer zurück in ihre Heimat. Doch die Lasten, die der Kaiser seinem Land mit dem Bau und dem Unterhalt der Flotte auferlegte, waren immens. Schon der Bau eines einzigen Schatzschiffes muss etliche Wälder verschlungen haben. Dazu kam all das andere wertvolle Material – Metall, Seide, Lacke –, das benötigt wurde, um das Schiff zusammenzubauen und auszurüsten. Als nach dem Tod von Zheng Hes Gönner Zhu Di im Jahre 1424 Zhu Gaozhi die Macht übernahm, befahl dieser noch am Tag seiner Thronbesteigung, dem 7. September 1424, dass alle Fahrten der Schatzflotte, auch alle Reparaturen, sofort beendet werden sollten. Zugleich ordnete er an, den Einschlag von Hartholz für den Schiffsbau auf das Niveau der Zeit vor Zhu Di zu reduzieren. Der große Admiral wurde seiner Aufgaben enthoben und zum Militärkommandeur von Nanjing ernannt. [...] Doch Zhu Gaozhi lebte nur wenige Monate, und nachdem die Tributzahlungen an China stark zurückgegangen waren, befahl dessen Nachfolger Zhu Zhanji im Juni 1430, dass Zheng He noch einmal aufbrechen und die „fernen Länder jenseits des Meeres" auf den rechten

3

Weg zurückführen sollte. Die bis zum Juli 1433 währende Mission verlief sehr erfolgreich. Einige der Schiffe erreichten Dschidda am Roten Meer. [...]
Mit dieser Fahrt ging die Ära der großen Flotte zu Ende. Viel spricht dafür, dass Zheng Hes Stolz schließlich ein Opfer der konfuzianischen Staatsphilosophie wurde, der privater Handel ebenso suspekt war wie die Vorstellung, dass es außerhalb der Welt, als deren Zentrum man sich verstand, noch eine neue gäbe, die man kolonisieren könnte. Manches spricht auch dafür, dass die Staatsmissionen zu See einem nüchternen Controlling auf Kosten und Nutzen nicht standgehalten hatten. Sicher ist nur, dass China die Chancen, die sich ihm zu Beginn des 15. Jahrhunderts boten, ungenutzt ließ, nicht zuletzt aus Stolz und Vorurteil.

Ulrich Baron, in: DIE ZEIT 17.2.2005 Nr. 8 – 17. Februar 2005 http://www.zeit.de/2005/08/A-Zheng_He

12 China verzichtet auf Artillerie

Der Militärhistoriker Geoffrey Parker über die Folgen einer Entscheidung:

In der frühen Neuzeit fand [...] eine Revolution der Seekriegsführung statt, die nicht weniger bedeutsam war als die Revolution auf dem Land, denn sie begründete für fast die gesamte Moderne Europas Hegemonie über den größten Teil der Weltmeere. Auch bei dieser Revolution ging es im Wesentlichen um das Geschütz, das die Europäer auf See mit gnadenlosem Geschick einsetzten, um alle Rivalen – in Amerika, Afrika und Südasien, aber auch in Japan und China – zu beherrschen oder zu vernichten.
Darin lag eine große Ironie, denn es besteht heute kein Zweifel mehr, dass die gesamte Entdeckung der richtigen Zusammensetzung der Bestandteile von Schwarzpulver [...] bis zur Perfektion metallener Kanonenrohre Mitte des 13. Jahrhunderts (bereits abgeschlossen war). [...] Schlachtdschunken, bestückt mit Katapulten und Steinschleudermaschinen, bildeten den Kern der Flotte in der Sung-Zeit. Schiffgestützte Artillerie wurde auch für die Flotte Tschu Yüan-tschangs ab 1350 nachgewiesen, des Begründers der Ming-Dynastie. [...] Im frühen 15. Jahrhundert musste jedes kaiserliche Kriegsschiff 50 Feuerwaffen verschiedenen Typs mit 1000 Schuss Munition an Bord haben. [...] Und im Jahr 1522 konnten die Chinesen mithilfe ihrer Schiffsartillerie vor Tunmên eine portugiesische Flotille schlagen [...].
Mitte des 16. Jahrhunderts kamen die kaiserlichen Behörden in China zu dem Ergebnis, dass die Schiffsartillerie im Einsatz gegen die sogenannten wakō (wörtlich: Zwergpiraten)[1] nichts taugte. [...] Die Ming-Befehlshaber vertrauten weder zu Land noch zur See auf Musketen oder Geschütze. Sie hatten offenbar schlechte Erfahrungen mit ungenauem Munitionskaliber und unversehens explodierenden Waffen gemacht. Auch gepanzerte Dschunken lehnten sie ab, weil sie zu schwerfällig seien, und schiffsgestützte Artillerie hielten sie für zu ungenau. [...] Obwohl also die schiffsgestützte Artillerie durchaus mit den Traditionen der chinesischen Kriegsführung zu vereinbaren gewesen wäre, verwarfen die Chinesen sie schließlich. In Europa dagegen setzte sich das Schiffsgeschütz durch, obwohl die herkömmliche Kampftechnik auf See aus Rammen und Entern bestand.

[1] Gemeint sind die japanischen Piraten, die im 16. Jahrhundert die chinesische Küste heimsuchten und von China zur See als Hauptbedrohung wahrgenommen wurden.

Geoffry Parker, Die militärische Revolution. Die Kriegskunst und der Aufstieg des Westens 1500–1800, Frankfurt/M. 1990, S. 108 f. Übers. Ute Mihr.

13 Das portugiesische Tor zur Welt

Mit der zunehmenden portugiesischen Expansion nach Übersee im 15. und 16. Jahrhundert stieg das Interesse an dem südeuropäischen Königreich nicht zuletzt beim deutschen Kaiser, deutschen Gelehrten und süddeutschen Kaufleuten und Unternehmern. Dies ließ erst nach, als Lissabon als Welthandelszentrum ab den 1520er-Jahren seine Bedeutung zunehmend an das spanische Sevilla verlor.

In der ersten Hälfte des 15. Jahrhunderts nahm die portugiesische Krone zu Kaiser Sigismund und zu dessen Nachfolger, Friedrich III., diplomatische Beziehungen auf, die um die Jahrhundertmitte zu einer ersten Verdichtung der politisch-dynastischen Verbindungen führten. In der Folgezeit kam es im Gebiet des Heiligen Römischen Reiches deutscher Nation zu einer intensiveren Beschäftigung mit Portugal. Ausschlaggebend für diese Entwicklung war die überseeische Expansion Portugals, die durch ihre stimulierende Wirkung auf das Interesse Deutschlands an den Entdeckungsreisen der Portugiesen und dem entstehenden portugiesischen Kolonialreich in Übersee den deutsch-portugiesischen Beziehungen neue Impulse verlieh [...].
Die portugiesische Überseepolitik führte Mitte des 15. Jahrhunderts zwischen den Königshäusern Avis und Habsburg zu einer dynastischen Annäherung, welche 1451 durch die Eheschließung zwischen Kaiser Friedrich III. und der portugiesischen Infantin D. Leonor Gestalt annahm. Ihre Heirat förderte die Festsetzung deutscher Söldner, Kaufleute und Handwerker in Portugal [...]. Einige Deutsche kamen während des 15. Jahrhunderts auch mit den atlantischen Inseln Portugals und der Westküste Afrikas in Berührung, wie zum Beispiel Martin Behaim. [... Er verkörperte] wie kein anderer die erste Generation jener für die Entwicklung des deutsch-portugiesischen Handels so bedeutenden oberdeutschen Kaufleute, welche sich an der Wende vom 15. zum 16. Jahrhundert in verstärktem Maße in Portugal einfanden. Außerdem schuf der von Behaim veranlasste Erdapfel eine Grundvoraussetzung dafür, dass die überseeische Expansion Portugals seit den neunziger Jahren des 15. Jahrhunderts im Nürnberger Gelehrtenkreis diskutiert wurde und seitdem auf humanistisch-„wissenschaftlicher" Ebene im Reich Beschäftigung fand. [...]
Infolge der ersten Indienfahrt Vasco da Gamas erreichten die deutsch-portugiesischen Beziehungen ihren Höhepunkt. [...] Mit dem geschäftlichen Interesse der großen oberdeutschen Handelshäuser ging alsbald das gesteigerte politische Interesse des Hauses Habsburg sowie das humanistische Interesse deutscher Gelehrter an der überseeischen Expansion einher.
Bereits um 1505 unterhielten die Augsburger Welser, Fugger und Höchstetter sowie die Nürnberger Imhoff und Hirschvogel feste Vertretungen in Lissabon, weitere oberdeutsche Firmen kamen später hinzu und wieder andere waren durch ihre Handelsagenten am Tejo präsent. [...] Die oberdeutschen Firmen, die in dieser Phase nicht nur durch ihre Faktoren in Lissabon vertreten waren, sondern sich auch direkt am portugiesischen Indienhandel beteiligten und zu diesem Zweck ihre Handelsagenten nach Asien beorderten, waren währen der ersten beiden Jahrzehnte des 16. Jahrhunderts als Geldgeber und Metalllieferanten für die portugiesische Krone nahezu unverzichtbar und neben den italienischen Großkaufleuten damals die wichtigsten Handelspartner des portugiesischen Monarchen. [...]

Jürgen Pohle, Deutschland und die überseeische Expansion Portugals im 15. und 16. Jahrhundert, Münster 2000, S. 183–286.

14 Portugiesisches Handelsschiff im chinesischen Meer. Spanische und portugiesische Seefahrer, bald auch Händler aus den Niederlanden, Frankreich, England, später selbst aus Dänemark und Brandenburg, stießen in die Karibik, den Pazifischen Ozean und nach Ostasien vor. Chinesischer Wandschirm aus dem 16. Jahrhundert.

15 Vasco da Gama – kein Wendepunkt des Welthandels

Als Vasco da Gama die Route ums Kap der Guten Hoffnung entdeckt hatte und an Keralas Küste seine Schiffe mit indischem Pfeffer belud, war dies zunächst keineswegs ein Wendepunkt in der Geschichte des Welthandels. Der Handel im Indischen Ozean und im Südchinesischen Meer befand sich seit dem Beginn des 15. Jahrhunderts in stetigem Aufschwung. Seine Hauptlinien verbanden die großen asiatischen Reiche, in denen sich die Weltbevölkerung konzentrierte: das chinesische Ming-Reich, das Indien der Mogulherrscher und das Osmanische Reich. Der chinesische Pfeffermarkt war während dieser Zeit geradezu explodiert. Die Portugiesen vermochten lediglich, den Handel mit der Levante zu unterbrechen und so den Jahrhundertaufschwung des asiatischen Handels kurzzeitig zu stören. Erst als die Holländer im Verlaufe ihres achtzigjährigen Befreiungskampfes gegen die spanische Herrschaft auch zum Sturm auf die portugiesischen Bastionen im Asienhandel ansetzten, gewannen die Europäer Einfluss in diesem Teil der Welt.

Helga Schultz, Handwerker, Kaufleute, Bankiers. Wirtschaftsgeschichte Europas 1500–1800, Frankfurt/M. 1997, S. 143.

16 Der Gewürzhandel im 15. Jahrhundert

Der Gewürzhandel war im Wesentlichen ein von Nichteuropäern betriebenes Geschäft im Raum des Indischen Ozeans, und die Europäer konnten sich an diesem asiatischen Handel nur am Rande beteiligen. Im westlichen Teil des Indischen Ozeans wurde er von arabischen und indischen Seefahrern beherrscht. [...] Gewürze wurden größtenteils von chinesischen Kaufleuten durch die Straße von Malakka nach Kalikut gebracht, wo sie südindische Gewürze zusätzlich zu jenen, die sie auf den Inseln den heutigen Indonesiens gekauft hatten, für den chinesischen Markt mitnahmen. Die Kontrolle über die Straße von Malakka war für diesen Handel so bedeutend, dass der Portugiese Tomé Pires im frühen 16. Jh. in seinem Reisebericht Suma Oriental zu dem Schluss kam: „[...] Wer immer auch Herrscher von Malakka ist, er hat Venedig im Würgegriff." [...]
Der europäische Sektor des Gewürzhandels war zwar verhältnismäßig klein im Vergleich zum globalisierten Umfang, aber für die Beteiligten von großer Bedeutung. Im 15. Jh. konnten die Venezianer, die die letzte, kurze Etappe des Handelswegs ab Beirut oder Alexandria weitgehend beherrschten, üblicherweise mit einem Gewinn von 40 Prozent allein beim Transport der Waren über die halbe Länge des Mittelmeeres rechnen. [...] Indische und indonesische Gewürze konnten die Europäer durch nichts ersetzen, wenn sie sie haben wollten – und sie wollten sie haben.

Peter Spufford, Handel, Macht und Reichtum. Kaufleute im Mittelalter, Stuttgart 2004, S. 234 f. Übers. Erwin Fink/Horst M. Langer.

17 Als erste Europäer landeten die Portugiesen in Japan. Es entstand ein für beide Seiten gewinnbringender wirtschaftlicher Austausch.
Chinesischer Wandschirm aus dem 16. Jahrhundert

18 Der Handel im Indischen Ozean um 1500

Der österreichische Wirtschaftshistoriker Peter Feldbauer über den Wirtschaftsraum Indischer Ozean:

Östlich von Rotem Meer und Persischem Golf verband seit Jahrhunderten reges Handelsleben die Welt des Indischen Ozeans mit dem Subkontinent Indien und, vermittelt durch die Inseln und Hafenstädte des Indonesischen Archipels, mit Japan und den Landmassen Chinas. Fest eingebunden in diesen riesigen Wirtschaftsraum war auch die Küste Ostafrikas. Mehr als 30 politisch autonome, arabische bzw. persische Handelsstützpunkte ermöglichten regelmäßige Wirtschaftsbeziehungen zwischen dem ostafrikanischen Binnenland, Indien und dem Nahen Osten. Europa war von dieser riesigen ‚asiatischen Weltökonomie' keineswegs abgeschnitten, da der Mittelmeerraum, das Arabische Meer, Osteuropa und Zentralasien mittels einer Vielzahl von Karawanenrouten intensiv miteinander verbunden waren.

Die Situation im 14. und 15. Jahrhundert

Arabische und persische Kaufleute segelten seit dem 13. Jahrhundert, wie schon vor der Jahrtausendwende, über Ostafrika und Indien hinaus vereinzelt auch wieder bis China, dessen Dschunken umgekehrt die Coromandel- und Malabarküste erreichten und im ersten Drittel des 15. Jahrhunderts mit sieben großen Flottenexpeditionen bis Aden, Ormuz, Malindi und Sofala vorstießen. Die chinesischen Flotten sollen 100 und mehr vielfach mit Kanonen ausgestattete Schiffe umfasst haben und auch kommerziell ein großer Erfolg gewesen sein. Ihr Rückzug aus dem Indischen Ozean nach 1433 ergab Freiräume, die umgehend vor allem von Indern genutzt wurden. Die Hauptachse des Asien-Fernhandels war sowohl auf den Karawanenrouten als auch auf dem Meer bis ins 14. Jahrhundert von Osten nach Westen verlaufen. Ab etwa 1400 verschob sich der Handel stärker in nord-östliche Richtung. Indiens kommerzielle Kontakte mit Südostasien und Ostafrika verdichteten sich ebenso wie jene zwischen China und dem malaiisch-indonesischen Raum, wobei die beiden bevölkerungsreichen Zivilisationen vor allem Gewerbeerzeugnisse – beispielsweise Textilien und Porzellan – gegen tropische Produkte tauschten. […]

Der Vorstoß der Portugiesen

In der Phase der von Vasco da Gama eingeleiteten, frühen Flottenexpeditionen der Portugiesen nach Indien, die fast jedes Jahr stattfanden, gab es unbeschadet vieler Ähnlichkeiten hinsichtlich Warenpalette, Organisationsgrad und Effizienz des Fernhandels doch einen gewaltigen Unterschied zwischen europäischen und asiatischen Seehandelsaktivitäten: den im Wesentlichen friedlichen Charakter der Handelsschifffahrt im Indischen Ozean. Trotz jahrhundertelanger Seefahrertradition und hoch entwickelter, vielfältiger Schiffstechnologie gab es infolge der spezifischen Gesellschafts-, Staats- und Handelsstrukturen um 1500 – abgesehen von Piraten sowie einigen malukischen Galeeren im Roten Meer – kaum ozeantüchtige bewaffnete Schiffe in Asien. Eine lineare Herleitung des portugiesischen Handels- und Kolonialimperialismus aus waffentechnologischen Vorteilen vereinfacht die Anfänge der europäischen Expansion in Asien sicherlich in unzulässigem Maße. Es verdient aber Beachtung, dass die islamischen Herrscher Ägyptens und der indischen Küstensultanate trotz großer Anstrengungen keine Flotten aufzubauen vermochten, die der portugiesischen Herausforderung gewachsen waren.

Die Vorherrschaft auf dem Meer und die sehr gelegen kommenden Rivalitäten potenzieller Gegner erleichterten es den portugiesischen Kapitänen, Gouverneuren und Vizekönigen, ein Kolonialsystem an den Rändern der Großreiche Asiens aufzubauen. […]

Obgleich sowohl der König und seine Ratgeber als auch die Konquistadoren anfänglich recht phantastische Vorstellungen von der Welt des Indischen Ozeans hatten und nur über allgemeine, teilweise recht vage Konzepte verfügten, gelang es in relativ kurzer Zeit, eine Vormachtstellung zur See zu erringen, ein ‚Kolonialreich' aus Festungen und Handelsniederlassungen aufzubauen und regelmäßig Gewürztransporte nach Europa zu organisieren.

Peter Feldbauer, Der Handel vor und nach der Kolonialexpansion Portugals. In: Dietmar Rothermund/Susanne Weiglin-Schwiedrzik (Hg.), Der Indische Ozean. Das afro-asiatische Mittelmeer als Kultur- und Wirtschaftsraum, Wien 2004, S. 83–91.

19 Veränderungsprozesse infolge des portugiesischen Auftretens an der westafrikanischen Küste

Zum Teil direkt, zum Teil über einheimische Mittelsleute knüpften die in portugiesischem Dienst stehenden Seeleute Handelskontakte zu den Häuptlingen und Fürsten des Inlandes und richteten Faktoreien entlang der Küste ein. Von Arguim bis zur Bucht von Benin wurden Gold, Sklaven und Elfenbein, die begehrtesten Objekte der Europäer, gegen Pferde, Textilien, Waffen und allerlei Gebrauchsgegenstände getauscht.

Zögernd zeichnete sich hier nun ab, was erst über ein Jahrhundert später von den europäischen Handelskontoren in großem Umfang erreicht wurde: das Anzapfen und Ableiten des innerafrikanischen Handelsverkehrs an die Küste. Im Norden setzte dieser Prozess schon früh und hoch in der Wüste ein. Aus Hoden beispielsweise, dem heutigen mauretanischen Wadan, leiteten die Portugiesen den Goldhandel mit dem Maghrib über die Küste um. In den Karavellen erwuchsen den Karawanen echte Konkurrenten. Die westlichen Transsahararouten wurden weniger frequentiert, der Lebensnerv der westsudanesischen Handelsstädte teilweise abgebunden. Im Süden geschah zeitversetzt Ähnliches. Gold, Elfenbein und Sklaven wurden durch den Urwald entlang den großen Flüssen an die Küste transportiert und dort über See verhandelt. […]

El Mina, dann Accra, Abeokuta, Benin und Calabar waren die Namen der bedeutenderen dieser Umschlagplätze. Dahinter erstreckte sich eine uralte afrikanische Kulturlandschaft. Im Volta-Gebiet hatten aus dem Norden eingewanderte Akan kleine, unabhängige Reiche geschaffen, aus denen sich Bono im Takgiman-Gebiet hervorhob. Weiter im Osten, zwischen Ogun und Niger, lag das Benin-Reich. […]

Sicher ist, dass die Portugiesen hier in die Flanke eines florierenden Handelsnetzes stießen. Die großen Flussläufe von Volta, Niger und Bennue verbanden die sudanesischen Steppenreiche von Timbuktu im Westen bis Kanem-Bornu am Tschad-See mit den Waldbauern und Handwerkern der Guineaküste. Der einsetzende Seehandel mit den Europäern riss dieses Netz ein und führte langfristig zum Zusammenwachsen der kleinen autonomen Königreiche zu zentral geleiteten Staaten und zu wachsender Rivalität zwischen den Inland- und Küstenreichen.

Aus unseren Quellen wird deutlich, dass das 15. Jahrhundert zu diesen Entwicklungen erst den Keim legte. Der Sklavenhandel der Europäer, der sich ein Jahrhundert später zu einem immensen Dreieckshandel zwischen der Alten und Neuen Welt auswuchs, steckte noch in seinen Kinderschuhen. In den erhaltenen Berichten dominieren

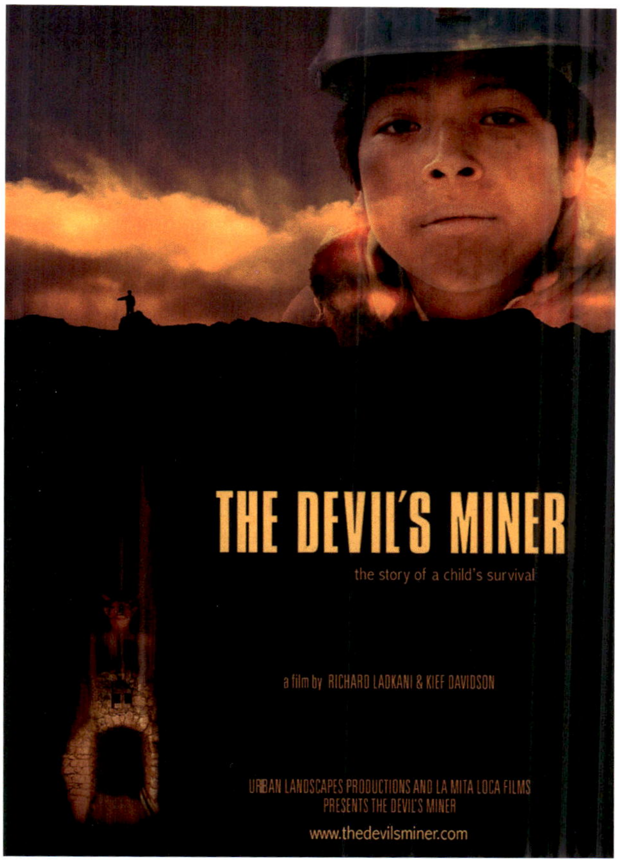

20 **„Der Berg des Teufels“** (**Online-Link** 430048-0000)
Auch fünfhundert Jahre nach Ankunft der Spanier in Amerika und dem Beginn der Ausbeutung der Silbervorkommen von Potosí wird dort noch Silber abgebaut. Über den „Berg des Teufels“ wurde 2005 ein Dokumentarfilm aus Sicht der dort in den Minen arbeitenden Kinder und Jugendlichen veröffentlicht.

noch exotische Neugierde, Interesse, ja Respekt für den afrikanischen Partner, seine politische, wirtschaftliche und künstlerische Leistung. Mit dem ersten direkten Sklaventransport von Westafrika zu den Westindischen Inseln im Jahre 1518 ist die düstere Wende zur Ausbeutung eines ganzen Kontinents durch die europäischen Kolonialmächte eingeleitet.

Die mittelalterlichen Ursprünge der europäischen Expansion. Hrsg. von Charles Verlinden/Eberhard Schmitt, München 1986, S. 292 f.

21 Der Geldberg in den Anden und seine Folgen für Europa

Während die Portugiesen in den Indischen Ozean vordrangen, gelangten spanische Expeditionen ab 1492 in die Karibik und „entdeckten“ den amerikanischen Kontinent. Innerhalb weniger Jahrzehnte eroberten die Spanier das Inka- und Aztekenreich. In den Anden stießen sie dabei auf große Silber- und Goldvorkommen, die ihnen ungeheuren Reichtum verschafften. Über die Folgen schrieb der Wirtschaftshistoriker Ferguson:

Die Legende von El Dorado – einen indianischen König, dessen Körper zu festlichen Anlässen mit Goldstaub bedeckt wurde –, trieb die Konquistadoren nach, wie sie es nannten, Oberperu, in eine kahle und neblige Hochgebirgsregion, in der man als Fremder nach Atem ringt. Dort fanden sie etwas, das mindestens ebenso wertvoll war wie das Gold des legendären Königs. Mit einer Höhe von 4824 Metern war der auf geradezu unheimliche Art symmetrische Cerro Rico – der „reiche Berg“ – die unübertreffliche Verkörperung der mächtigsten aller Vorstellungen vom Geld: ein Berg aus solidem Silbererz. [...]
Anfangs zahlten die Spanier den Einwohnern der umliegenden Dörfer für die Arbeit in den Bergwerken einen Lohn. Aber die Bedingungen waren so hart, dass im späten 16. Jahrhundert ein Zwangsarbeitssystem (*la mita*) eingeführt werden musste, das alle Männer der 16 Gebirgsprovinzen im Alter von 18 bis fünfzig Jahren für jährlich 17 Wochen zur Arbeit verpflichtete. Die Sterblichkeit unter den Bergarbeitern war entsetzlich hoch, nicht zuletzt, weil sie ständig Quecksilberdämpfen ausgesetzt waren: Beim sogenannten Patio-Verfahren wurde gemahlenes Silbererz mit Quecksilber vermischt und gestampft, das so entstandene Amalgam dann gewaschen und schließlich erhitzt, um das Quecksilber zu verdampfen. Die Luft in den Bergwerksschächten war (und ist heute noch) giftig, und die Arbeiter mussten über primitive Treppen 200 Meter tief hinabsteigen, um nach stundenlangem Graben mit Säcken voller Silbererz auf dem Rücken wieder hinaufzusteigen. [...] Als die indianischen Arbeitskräfte knapp wurden, schaffte man Tausende von afrikanischen Sklaven heran, die ihren Platz als „menschliche Maultiere“ einnahmen. [...]
War Potosí für die dort Arbeitenden ein Ort des Todes, so war es für Spanien eine Quelle des Reichtums. Zwischen 1556 und 1783 wurden 45 000 Tonnen Silber aus dem „reichen Berg“ gefördert, in der Münzanstalt, der *Casa de Moneda*, in Barren und Münzen gegossen und nach Sevilla verschifft. [...]
Noch in der Epoche Karls des Großen wurden die Preise in Silberdenaren angegeben, Allerdings herrschte in Westeuropa zur Zeit seiner Kaiserkrönung im Jahr 800 ein chronischer Silbermangel. In den wesentlich weiter entwickelten Handelszentren des islamischen Kalifats, das sich über den südlichen Mittelmeerraum und den Nahen Osten erstreckte, war der Geldbedarf deutlich größer, sodass Edelmetalle aus dem zurückgebliebenen Europa abflossen. [...] Dieses Problem versuchten die Europäer auf zweierlei Weise zu lösen, einerseits, indem sie Arbeit und Waren ausführten, das heißt Sklaven und Holz in Bagdad gegen Silber und in Córdoba und Kairo gegen afrikanisches Gold eintauschten, und andererseits, indem sie Krieg gegen die islamische Welt führten und sie ausplünderten. In den Kreuzzügen wie auch bei späteren Eroberungen ging es mindestens ebenso sehr darum, die europäische Geldknappheit zu überwinden, wie darum, Heiden zum Christentum zu bekehren. [...]
Durch ihre reichen Silberfunde in Potosí und anderswo in der Neuen Welt (insbesondere in Zacatecas in Mexiko) schienen die Konquistadoren dieses jahrhundertealte Hemmnis überwunden zu haben. Erster Nutznießer war natürlich die kastilische Monarchie, die die Eroberungen finanziert hatte. [...] Im späten 16. Jahrhundert, als die Silberlieferungen ihren Höhepunkt erreichten, bestritt sie 44 Prozent ihrer Ausgaben mit Mitteln aus dieser Quelle. Und indem Spanien seinen neugewonnenen Reichtum ausgab, sorgte es auf dem gesamten Kontinent für eine monetäre Stimulierung. Der spanische *real de a ocho*, der an den deutschen Taler angelehnt war (woraus man später das Wort „Dollar“ ableitete), wurde zur ersten wahrhaft globalen Währung, mit der der sich rasch ausweitende europäische Handel mit Asien finanziert wurde.

3

Aber auch alles Silber der Neuen Welt konnte weder die rebellischen Niederlande noch England der spanischen Krone sichern noch Spanien vor dem unaufhaltsamen wirtschaftlichen und politischen Niedergang bewahren. Wie König Midas mussten die spanischen Könige des 16. Jahrhunderts, Karl V. und Philipp II., feststellen, dass ein Überfluss an Edelmetallen ebenso sehr ein Fluch wie ein Segen sein kann. Und warum? Sie ließen derartig viel Silber für ihre Eroberungskriege fördern, dass es dramatisch an Wert verlor, das heißt, es büßte viel seiner Kaufkraft gegenüber anderen Waren ein. In der sogenannten „Preisrevolution", die zwischen den 1540er und den 1640er Jahren ganz Europa erfasste, stiegen die Nahrungsmittelpreise – die seit 300 Jahren keinen anhaltenden Aufwärtstrend gezeigt hatten – beträchtlich an. In England (dem Land, für das die besten Preisinformationen vorliegen) erhöhten sich die Lebenshaltungskosten in dieser Zeit um das Siebenfache [...]. In Spanien wirkte sich der Überfluss an Silber – ähnlich wie heute der Erdölreichtum in Arabien, Nigeria, dem Iran und Russland – zudem als „Ressourcenfluch" aus, der einerseits den Anreiz für produktive Wirtschaftstätigkeiten zu beseitigen und andererseits geldgierige Autokraten gegenüber Repräsentationsorganen (im Fall Spaniens die Cortes) zu stärken pflegt.
Den Spaniern war nicht bewusst, dass der Wert von Edelmetallen nicht absolut ist. Geld ist nur das wert, was ein anderer dafür zu geben bereit ist. Seine Vermehrung macht eine Gesellschaft nicht reicher, auch wenn der Staat, der das Monopol auf die Geldherstellung besitzt, reicher werden mag. Wenn sonst alles beim Alten bleibt, treibt eine Vergrößerung der Geldmenge lediglich die Preise in die Höhe.

Niall Ferguson, Der Aufstieg des Geldes. Die Währung der Geschichte. Berlin 2009, S. 23–28, Übers. Klaus-Dieter Schmidt.

22 Rückwirkungen der „Entdeckungen" auf Europa

Die stärkste Rückwirkung der Entdeckungen auf lange Sicht bildete die zwar zögernd einsetzende und nur langsam fortschreitende, aber unaufhaltsame Verschiebung des politisch-kulturellen und wirtschaftlichen Schwerpunktes von Süd- und Mitteleuropa zu den atlantischen Anliegerstaaten. Allerdings hat die neuere Forschung die frühere Auffassung endgültig widerlegt, dass diese Verlagerung für das Wirtschaftsleben im Mittelmeer sehr schnell katastrophale Folgen gezeigt haben sollte. Es ist zwar richtig, dass die Portugiesen den Pfefferhandel an sich ziehen und über Lissabon leiten konnten, doch attackierte die venezianische Propaganda den Konkurrenten recht erfolgreich mit der Behauptung, der ohnehin zweitklassige portugiesische Pfeffer verlöre durch den langen Seeweg seine Qualität. Außerdem gelangten fast alle anderen Orientwaren (Korallen, Seide, Perlen, Teppiche, Essenzen, Zimt, Muskat usw.) nach wie vor über innerasiatische, dem portugiesischen Zugriff entzogene Landwege oder durch Schmuggel zur See ins Mittelmeergebiet. Der Versuch, diese asiatisch-osmanische Handelsachse wirksam zu unterbrechen, war seit dem Verlust von Aden (1538) zum Scheitern verurteilt.
Gleichzeitig profitierte der Mittelmeerraum vom allgemeinen Aufschwung des europäischen Handels im 16. Jahrhundert. Nicht nur Lissabon, Antwerpen und London entwickelten sich kräftig, auch Barcelona, Ragusa und Messina blühten auf; Livorno stieg am Ende des Jahrhunderts als Getreideumschlagplatz zum Rang Venedigs und Genuas empor. Geschickt passten sich die italienischen Kaufleute den neuen Verhältnissen an, eröffneten Filialen in den wichtigsten westeuropäischen Waren- und Geldhandelszentren. Bis etwa 1570 war Antwerpen [...] Weltzentrum für den Warenhandel und europäische Finanzmetropole. Unmittelbar neben dem neuen Börsengebäude von 1531 befanden sich die Häuser der Genuesen, Venezianer und Florentiner, und es ist bezeichnend, dass mit dem Rückgang Antwerpens das italienische Genua wichtigste Finanz- und Bankstadt Europas wurde. [...]
Wenn von den Auswirkungen der Entdeckungen die Rede ist, darf der wechselseitige Austausch von Pflanzen und Tieren ebenso wenig unerwähnt bleiben wie die Verbreitung bestimmter Kenntnisse, Techniken und mancher Lebens- und Ernährungsweisen. Die Europäer brachten nicht nur Pferde, Rinder und Schweine nach Amerika, sie führten auch Hammel, Hühner und Rentiere ein. Dagegen kam als einziges amerikanisches Nutztier der Truthahn nach Europa. Nutzpflanzen der Alten Welt gelangten in großer Zahl über den Atlantik: Wichtiger als Spargel, Sellerie und Salat waren bald Weizen, Zuckerrohr und – später – Kaffee. Orangen-, Zitronen- und Maulbeerbäume wurden ebenfalls sehr zeitig nach Amerika gebracht, ebenso Olivenbäume und Weinstöcke – letztere zum Missvergnügen der spanischen Regierung, der an einer Konkurrenz für diese beiden Hauptausfuhrprodukte nicht gelegen war.
Umgekehrt gelangten viele Grundbestandteile der indianischen Küche nach Europa: Mais, Maniok, Erdnüsse, Kakao, Knoblauch, die Kartoffel. Auch Tabak, Ananas und Vanille sind in der Neuen Welt beheimatet; erst vor einem Jahrhundert begann die Bekanntschaft Europas mit der aus Mexiko stammenden Tomate.

Ilja Mieck, Europäische Geschichte der Frühen Neuzeit, Stuttgart 1994, S. 75 ff.

23 Die Wirtschaftshistorikerin Helga Schultz über das „Wunder Europa?" (1997)

Was ist naheliegender als die Frage, warum die Überwindung des agrarischen Gesellschaftssystems ausgerechnet den Europäern gelang, standen sie doch noch um 1500 keineswegs an der Spitze der Weltzivilisation.
Drei andere große Zivilisationen gab es zu dieser Zeit: das China der Ming-Dynastie [...]; das islamische Indien, das seit 1526 unter den mongolischen Mogulherrschern zentralisiert wurde; das Osmanische Reich der Türken, die ebenfalls aus dem Innern Asiens stammten. Die Osmanen hatten sich auf den eroberten arabischen und byzantinischen Gebieten um das Mittelmeer etabliert und die islamische Kultur der unterworfenen übernommen. Die Geschichte Europas vollzog sich in stetiger Auseinandersetzung und im Austausch vor allem mit dem benachbarten arabisch-islamischen Raum. Von dorther übernahmen die Europäer die indischen Zahlen mit der Null – eine Notwendigkeit für Bankwesen und Handel –, von dorther empfingen sie das weiterentwickelte antike Erbe in Chemie und Medizin, und auf diesem Wege kamen Neuerungen der Schmiedekunst, der Glasproduktion und des Schiffbaus nach Europa.
Seit Marco Polos abenteuerlichen Reisen gab es auch direkte Beziehungen ins ferne China. China kannte lange vor Europa den Kompass, das Schießpulver und den Buchdruck mit beweglichen Lettern, also jene drei Schlüsseltechnologien für Handel und Schifffahrt, Kriegführung und Literarisierung, die für die europäische Frühe Neuzeit unentbehrlich waren. Es kannte Jahrhunderte früher das

Papier, das Porzellan und das Papiergeld. Wieweit alle diese Dinge in Europa übernommen oder selbständig noch einmal erfunden wurden, lässt sich nur bei späten Innovationen wie dem Porzellan genau nachvollziehen. Der technologische Vorsprung der asiatischen Zivilisationen war während des Mittelalters beträchtlich. Man geht davon aus, dass Europa am Ende des 15. Jahrhunderts aufholte, als es die meisten jener Erfindungen in seinen Besitz gebracht hatte und sie erfolgreicher anzuwenden begann als die alten Zivilisationen.

Warum konnte dies gelingen? Warum führte die Kenntnis des Kompasses und des Schießpulvers die Chinesen nicht zur Entdeckung und Eroberung der Welt? Im 14. bis 16. Jahrhundert hatten die Chinesen den ganzen Indischen Ozean befahren und Kolonien an der Küste Indochinas, der Westküste Indiens und am Persischen Golf gegründet. Mit dem Zerfall des Ming-Reiches fand diese Expansion plötzlich ein Ende. Warum zog der Buchdruck dort nicht die Literarisierung der Massen, die Rationalisierung der Welt und die Säkularisierung der Gesellschaft nach sich? Warum löste das Papiergeld in China nicht traditionelle Bindungen zugunsten der gefühllosen baren Zahlung auf? […]

Helga Schultz, Handwerker, Kaufleute, Bankiers. Wirtschaftsgeschichte Europas 1500–1800, Frankfurt/M. 1997, S. 17 f.

Arbeitsvorschläge

1. Beschreiben Sie den Inhalt der Karte M 1.
2. Arbeiten Sie anhand von M 5, M 6 und M 8 die Motivation der „Entdecker" heraus.
3. Recherchieren Sie den Autor von M 5 und diskutieren Sie vor diesem Hintergrund dann die Schwierigkeit der Quelle.
4. Charakterisieren Sie den Augenzeugenbericht M 9 unter der Frage, wie die Portugiesen im Indischen Ozean auftraten.
5. Setzen Sie sich arbeitsteilig mit der Situation im Indischen Ozean und Südostasien zum Zeitpunkt des portugiesischen Erscheinens in dieser Region anhand der Materialien M 13 – M 15 und M 18 auseinander. Stellen Sie Ihre Ergebnisse gegenüber und erarbeiten Sie gemeinsam eine Mind-Map.
6. Versetzen Sie sich in die Perspektive des chinesischen Reiches der Ming-Dynastie auf Europa. Diskutieren Sie, welche Bedeutung China europäischen Mächten wie Portugal, Florenz oder dem Heiligen Römischen Reich beigemessen haben (M 10, M 11).
7. Beschreiben Sie die Folgen der europäischen Expansion für die westafrikanischen Küstenregionen (M 19) zusammen.
8. Analysieren Sie arbeitsteilig den Sachtext des Wirtschaftshistorikers Ferguson M 21.
9. Diskutieren Sie auf Basis von M 15, M 21 – M 23, inwieweit die „Entdeckung" des Seeweges nach Südostasien für Europa um 1500 tatsächlich ein Wendepunkt dargestellt hat.

Zeittafel: Europa an der Schwelle zur Neuzeit

1293	In Florenz schließen die Zünfte, in denen sich das große und mittlere Bürgertum organisiert hat, rund 250 Adelsfamilien von allen politischen Ämtern aus.
1339–1453	Hundertjähriger Krieg zwischen Frankreich und England. Die französische Monarchie steht phasenweise vor ihrer dynastischen Auslöschung. Schließlich verliert jedoch England alle Besitzungen auf dem Kontinent.
1348	Gründung der ersten deutschen Universität in Prag
1347–1350	Durch eine Pestepidemie kommt rund ein Drittel der europäischen Bevölkerung ums Leben.
1434	Das Geschlecht der Medici übernimmt die Herrschaft in Florenz.
1435	Der italienische Architekt und Kunsttheoretiker Leone Battista Alberti (1404–1472) beschreibt in seinem Buch über die Malkunst („De pictura") die Grundlagen der Perspektive und der naturgetreuen Malerei.
1450	Johann Gutenberg aus Mainz erfindet den Buchdruck mit beweglichen Lettern.
1453	Die muslimischen Osmanen erobern Konstantinopel und kontrollieren zunehmend den Handelsverkehr zwischen Abendland und Orient.
1478	Einführung der Spanischen Inquisition
1487	Die Dominikanermönche Heinrich Institoris und Jakob Sprenger bringen den sogenannten Hexenhammer heraus, auf dessen Grundlage die systematische Verfolgung von „Hexen" als Ketzer erfolgt.
1492	Christoph Kolumbus entdeckt die Neue Welt.
1496	John Colet wendet die neuen kritischen Methoden der Textauslegung auch auf biblische Texte an und bringt damit deren bisher gültiges Verständnis ins Wanken.
1517	Luther veröffentlicht in Wittenberg seine 95 Thesen.
1519	Wahl Karls V. zum deutschen König (mithilfe der finanziellen Unterstützung der Fugger). 1520 wird er zum Kaiser des Heiligen Römischen Reiches Deutscher Nation gekrönt.
1519–1522	Eine Flotte unter Fernando Magellan umsegelt als Erster die Welt in westlicher Richtung.
1543	Kurz vor seinem Tod erscheint Kopernikus' Werk „De revolutionibus orbium colestium", mit dem er ein neues Weltbild begründet.
1544	Andreas Vesalius veröffentlicht sein Buch „De humani corporis fabrica", in dem erstmals der genaue anatomische Aufbau des menschlichen Körpers beschrieben und durch Illustrationen dargestellt wird.
1540er-Jahre	Beginn der Preisrevolution infolge der riesigen Silbereinfuhren Spaniens aus Südamerika. Diese führt zum drastischen Preisverfall von Silber in Europa, was zu mehreren Staatsbankrotten und Inflation führt.